영어로 배우는 비즈니스 협상

원하는 것을 얻어라

추천의 글

우리의 하루하루 삶은 협상의 연속입니다. 그리고 협상은 커뮤니케이션입니다.

부부, 부모와 자녀, 친구, 동료, 상사와 부하, 나아가서는 기업 간, 정부기관의 공무원과 시민들 간, 국가와 국가 간에 일어나는 수많은 협상은 우리의 문제들을 합리적이고 비 물리적인 방법으로 해결하는 중요한 수단이기도 합니다.

사회와 국가, 그리고 전 세계가 하나로 연결된 오늘의 글로벌 시대에 사람과 사람의 커뮤니케이션은 영어라는 세계어를 통해서 그리고 각 문화권이 갖는 몸짓언어의 이해를 통해서 가능합니다.

이 책에서 소개하는 협상 커뮤니케이션도 배워 갈고 닦을 수 있는 기술입니다.

이 책은 각 문화권의 특성과 인간이 갖는 공통의 협상 전략을 한글 번역과 함께 영어로 소개하고, 글로벌 마인드를 배양하면서 영어로 협상하는 기술을 안내해 주고 있습니다.

이 책의 출간으로 우리나라에도 능란한 글로벌 협상가가 많이 배출되는데 도움이 되리라고 기대해 봅니다.

정치학 박사 **박 용 옥**
한림국제학대학원대학교 특임교수
전 국방부 차관

이 책을 내면서

지난 25년 넘게 대학에서 영어와 문화간 커뮤니케이션을 가르치면서, 이에 관한 논문도 쓰고, 국제회의 동시통역사로 일하면서, 국제회의, 전시, 이벤트를 아우르는 컨벤션을 전문적으로 유치, 기획, 운영하는 전문가를 양성하기 위한 대학원을 설립하여 양성해 온지도 10년이 넘는다.

기업과 정부가 주관하는 국제회의와 전시는 물론, 협회/학회가 주관하는 국제회의 및 관련 전시를 유치하고, 실제로 강연자, 토론자 등이 진행해가는 행사 자체는 한 마디로 다양한 내용을 가지고 다양한 사람들과 협상해 가는 과정 그 자체이다. 이에 글로벌한 배경을 가진 사람들의 커뮤니케이션 중심에는 영어가 있다.

그 동안의 교육 현장에서 절실히 느낀 것은 단순한 협상관련 영어표현 모음집이 아니라, 협상에 대한 이론, 전략, 기법, 타 문화에 대한 이해, 협상가에 대한 특성분석 등을 영어로 저술한 저명 학자들의 글을 발췌하여, 협상 기법도 익히고 동시에 협상관련 영어 표현도 학습할 교재의 부재이었다. 이에 국제 업무로 협상을 영어로 해야 되는 많은 분들이 협상내용 이해와 협상영어 습득이라는 두 가지 목적을 시너지 있게 달성하는데 도움이 되고자 이 책을 펴낸 것이니, 실적인 도움이 되기를 바란다.

공동저자인 Korea Speakers Bureau의 Secretary General인 James Hong은 수없이 반복된 발췌문 선별작업, [해설] 및 [주]의 첨삭 정리, 의견개진 등으로 올 가을과 겨울을 함께 했다. 저자의 까다로운 요구를 전폭적으로 수용하고 지원을 아끼지 않았던 글로벌콘텐츠의 홍정표대표님과 수고하신 모든 분들께도 감사를 전한다. 독자 여러분이 글로벌 커뮤니케이터로서 한 단계 발전하고 앞으로의 모든 국제협상에서 성공하는데 도움이 되기를 바란다.

2009. 3.
연구실에서
서 승진, James Hong

이 책의 구성과 활용

여기서 말하는 협상영어는 단순한 영어의 읽기 쓰기 듣기 말하기 능력이 아니다. 영어라는 외국어 지식과 협상이라는 실무 지식을 융합하여 학습된 지식을 토대로, 여러분이 이를 습득단계의 커뮤니케이션 기술로 진화시킬 수 있도록 자기능력 배양을 돕기 위함이다.

또한 협상은 남녀가 호흡을 맞춰 춤추는 것과 같아서, 협상 시작 단계, 진행 단계, 마무리 단계 마다 논할 수 있는 일반적인 협상 전략 이외에도, 내 자신과 협상 상대방의 언어와 문화권 특성, 상대방 개인의 성향, 그리고 영어라는 공통의 커뮤니케이션 도구에 따른 다양한 의사결정 과정을 주도해 가는 기술 등에 대한 숙지가 필연적이다. 이를 기저로 협상 상황에 따른 영어표현의 습득이 더욱 의미 있고 또 그 목표의 달성도 가능한 것이다.

이런 논지에서 이 책은 다음과 같이 3 Part로 구성되었고, Part I에서 Part II까지는 4개의 Chapter로, Part III는 5개의 Chapter로 세분된다. 독자는 이 책을 처음부터 차례대로 학습할 수도 있고, 본인의 필요에 따라 Part별로 선택하여 공부할 수도 있다.

Part I은 협상에 대한 기본 지식을 영어로 독해하면서 영문법 구조와 어휘 정리, [해석] 과 [주]를 통해 적절한 한글 표현을 다듬어가는 "영어–한국어, 한국어–영어"를 자유자재로 구가할 수 있는 진정한 bilingual(이중 언어 사용자)이 되기 위한 warming up이다.

이 Part I은 "협상에 대한 일반적 이해"로, 다시 Chapter 1. 준비: 성공적 협상의 기본사항들, Chapter 2. 협상 중: 기본 협상기법, Chapter 3. 마무리: 거래 종결짓기, 그리고 Chapter 4. 상대방 이해하기 로 나뉜다.

Part II는 국제협상에서 절대 요구되는 타문화에 대한 지식을 협상과 연계하여 정리하였고, 실제 벌어지는 영어 대화의 예로 이해를 돕고 있다. 여기서도 영어로 독해하면서 영문법 구조와 어휘 정리, [해석] 과 [주]를 통해 적절한 한글 표현을 다듬어가는 "영어–한국어, 한국어–영어"의 구사가 자유로운 bilingual(이중 언어 사용자)이 되기 위한 학습기회를 제공한다.

이 Part II 는 "국경을 넘는 협상의 이해" 로, Chapter I. 문화 간 이해, Chapter 2. 효율적인 국제 협상가, Chapter 3. 문화권 별 협상 스타일, 그리고 Chapter 4. 국가 별 협상 스타일로 나뉜다.

Part III는 체스를 두듯 상대방과의 협상 시 어느 전략을 언제 사용해야 하는지를 좀 더 본격적으로 심화하여 학습케 한다. 여기서도 영어로 독해하면서 영문법 구조와 어휘 정리, [해석] 과 [주]를 통해 적절한 한글 표현을 다듬어가는 "영어-한국어, 한국어-영어"의 bilingual(이중 언어 사용자)이 되기 위한 학습기회를 제공한다.

이 Part III는 "영어로 파워 협상 게임하기"으로, Chapter I. 글로벌 비즈니스의 언어로서 영어, Chapter 2. 파워협상 전략: 시작 단계, Chapter 3. 파워협상 전략: 중간 단계, Chapter 4. 파워협상 전략: 마무리 단계, 그리고 Chapter 5. 비윤리적 협상전략들로 나뉜다.

특히 협상을 위한 영어표현들과 기본 구문들을 협상 시작 단계, 협상 중간 단계, 협상 마무리 단계로 정리하여 각 각 Chapter 2, 3, 4에 요약하였다. 여기서도 영어로 독해하면서 영문법 구조와 어휘 정리, [해석] 과 [주]를 통해 적절한 한글 표현을 다듬어감으로서 "영어-한국어, 한국어-영어"의 bilingual(이중 언어 사용자)이 완성되기 바란다.

Contents

Part Ⅰ 협상에 대한 일반적 이해

Part II 국경을 넘는 협상의 이해

Contents

Part III 영어로 파워 협상 게임하기

Part I 협상에 대한 일반적 이해

우리 모두는

태어난 순간부터 매일 매일의 가정생활과 사회생활 속에서 협상을 하게 된다. 협력적 관계를 전제로 하는 협상은 우리가 원하는 것을 얻는 아마도 유일한 방법인 것이다. 어떤 다른 기술과 마찬가지로 협상도 배울 수 있는 기술이다. 이제 협상단계 별로 협상의 기본 원칙들을 배워보자. Part I에서는 협상에 대한 일반적인 개념, 기본 협상기법, 협상 종결하기, 그리고 협상 상대방에 대한 사항들을 영어 원문과 한글 해석을 비교하면서 알아본다.

Part I

협상에 대한 일반적 이해

CHAPTER

1 준비: 성공적 협상의 기본사항들

1 자신의 입장 범위 정하기

✓ Define your goals and alternative goals before you enter into any negotiation.
✓ Prepare and organize all materials that will back up your position before you enter into negotiation.
✓ A positive mental attitude will boost your powers of persuasion and make you a better negotiator.

출처: Ilich (1996: 27)

해석 ✓ 어떤 협상이라도 시작하기 전에 여러분의 목표와 대안 목표를 명확히 해두라.
✓ 어떤 협상이라도 시작하기 전에 여러분의 입장을 뒷받침해 줄 모든 자료를 준비하고 체계적으로 정리하라.
✓ 긍정적인 정신자세는 여러분의 설득력을 북돋아주어 여러분을 보다 나은 협상가로 만들어 줄 것이다.

어휘 **define** 한정하다, 뚜렷하게 하다, 명백히 보여주다 **alternative** 대안의 **back up** 지지하다 **mental** 정신적인 **boost** 북 돋우다 **persuasion** 설득

A 자신의 입장을 준비하라

대부분의 사람들은 자기가 원하는 것을 요구하는데 능숙하지 못하다. 그래서 협상은 생각만 해도 떨린다. 연설을 해야 할 경우처럼 스트레스를 받는 일에 성공하려면 철저한 준비와 자신감에 찬 태도가 필요하다.

Before you settle down to negotiate, you need to define your own position - what you really want, what you are willing to compromise on, and what you can afford to lose. You have to determine your most important issue or your goal. Always set out to win a negotiation by having definite objectives and working to accomplish those objectives (Ilich, 1996: 10).

해석 여러분은 협상에 본격적으로 착수하기 전에 자기 자신의 입장, 즉 정말로 원하는 것, 기꺼이 타협할 것, 그리고 잃어버려도 되는 것 등을 명확히 해 둘 필요가 있다. 여러분은 자신이 가장 중요하다고 보는 문제 혹은 목표를 정해두어야 한다. 협상을 승리로 돌리기 위해 항상 명확한 목적을 갖고 이 목적 달성을 위해 노력하라.

어휘 **settle down** 전념하다, 본격적으로 착수하다 **define one's own position** 자기의 입장을 밝히다 **compromise** 타협하다 **afford to** ~를 할 수 있다, 할 여유가 있다 **set out to** ~ 탓으로 하다, 돌리다 **definite** 분명히 한정된, 명확한 **accomplish** 성취하다, 이루다

A well-prepared negotiator decides also on some alternative goals - fallback positions/ compromises both you and your opponent are willing to make in order to reach a deal (Ilich, 1996: 11).

해석 준비가 잘 된 협상가는 또한 몇 가지 대안적 목표들을 정하는데, 이는 거래를 이루기 위해 여러분과 상대방 모두 기꺼이 취하고자 하는 것으로써, 만일을 위해 대비한 입장/타협안을 말한다.

어휘 **alternative** 대안적인 **fallback** 만일을 위해 대비한 **opponent** (논쟁 · 경쟁 등의) 적수, 반대자, 상대 **reach** 목적 등을 이루다

B 숙제하듯 준비하고 체계적으로 정리하라

If simpler negotiations, gathering all the reasons for the negotiation and then a quick mental rehearsal of your arguments may be all you need. More complex negotiations require more elaborate files and documentation. Having all the information you need on paper will free up your attention to focus on what the other people are saying (Ilich, 1996: 14).

해석 보다 간단한 협상이라면, 모든 협상 사유를 취합한 후 여러분의 논지를 총 정리하는 것이 여러분에게 필요한 전부일 수 있다. 보다 복잡한 협상에는 더 정교한 파일과 문서화가 필요하다. 필요한 모든 정보를 종이위에 적어두면 여러분은 자유롭게 상대방이 하는 말에만 집중할 수 있게 된다.

어휘 **mental rehearsal** 머릿속으로 총정리하기 **argument** 논점, 논쟁 **elaborate** 정교한
free up 해방시키다

If you are not organized, you will appear less effective and less competent, and you could lose your negotiating momentum. Have the documents related to each major subject under negotiation separated into individual folders (Ilich, 1996: 15).

해석 만약 여러분이 체계적으로 정리가 안 되었다면 여러분의 능률성과 능력이 떨어져 보일 것이고, 그래서 협상의 여세를 잃을 수도 있다. 협상의 각 주요 주제에 관련된 문서를 개별 파일에 분리해두라.

어휘 **organized** 체계적으로 정리된 **effective** 능률적인 **competent** 능력 있는
momentum 여세, 추진력

2 상대방은 무엇을 꾀하고 있나?

✓ Before you begin negotiating, you have to identify the "yes" person who has the power to give you what you want.
✓ All your arguments should be targeted toward the "yes" person, whether or not that person will actually be present during the negotiation.
✓ Find out as much information as you can about your opponent before you reach the bargaining table. You will have the best chance of succeeding if you can meet at least some of your opponent's goals.
✓ As you prepare for negotiation, examine your moves to discover your opponent's counter-moves.

출처: Ilich (1996: 27)

해석 ✓ 협상 전에 여러분에게 원하는 것을 줄 힘이 있는 사람인 "예"하는 사람을 찾아내야 한다.
✓ 협상하는 자리에 그 "예"하는 사람이 실제로 나와 있건 아니건 간에 여러분의 모든 논지는 그를 목표로 삼아야 한다.
✓ 흥정 테이블에 오기 전에 여러분은 상대방에 대해 가능한 많은 정보를 알아내라. 만약 여러분이 상대방의 목표 중 최소 몇 가지라도 충족해 줄 수 있으면, 협상을 성공시킬 수 있는 최고의 기회를 갖게 될 것이다.
✓ 협상을 준비하면서 여러분이 두는 수를 점검하여 상대방이 두는 맞수를 알아내라.

어휘 **identify** 규명하다, 알아내다 **target** ~를 목표로 삼다 **present** 참석한 **meet** 충족시키다
move (체스/장기 게임에서) 말을 움직이기, 한 수 두기 **counter-move** 맞수

A 당신의 리더에게 나를 데려다 주시오

Before you begin negotiating, you need to figure out who has the authority to make all final decisions. That's the person who can say "yes" to you (Ilich, 1996: 20).

해석 협상 시작 전에 최종 결정권을 가진 자가 누군지 파악할 필요가 있다. 바로 그 사람이 여러분에게 "예"라고 말할 수 있는 자이다.

어휘 **figure out** 파악하다

If you don't deal with the "yes" person, negotiation will be difficult or even impossible for a number of reasons:

- You won't be displaying your finely honed negotiating skills to the person who most needs to see them;
- You won't be able to observe and influence the "yes" person during the hottest point of the negotiations. The "yes" person will be safely insulated from any argument or debate that arises; and
- Your position might not be correctly relayed to the "yes" person (Ilich, 1996: 20).

해석 만약 여러분이 그 "예"라고 말할 사람과 상대하지 않으면 여러 이유로 협상이 어려워지거나 불가능해 질 수도 있다.

- 여러분은 여러분의 정교하게 연마된 협상기술을 가장 잘 봐주어야할 사람에게는 정작 보여주지 못하게 될 것이다
- 협상이 가장 격렬해진 순간에 그 "예"라고 말하는 자를 관찰할 수도 없고, 그에게 영향력을 발휘할 수도 없게 될 것이다. 그 자는 제기되는 어떤 논쟁이나 토론으로부터 안전하게 격리되어 있을 것이다
- 여러분의 입장이 그 "예"라고 말하는 자에게 정확하게 전달되지 않을 수도 있다.

어휘 a number of 많은 finely honed (감각 · 기술 등이) 정교하게 연마된 observe 관찰하다 insulated 격리된 debate 토론, 논쟁 relayed 전달된

If you know you will be dealing with someone other than the "yes" person, you will have to be especially sure to keep your speech short and simple. The more complicated your arguments are, the greater the chance that they will not be accurately passed along to the "yes" person (Ilich, 1996: 21).

해석 만약 여러분이 그 "예"라고 말하는 자가 아닌 다른 사람과 상대하게 되는 것을 안다면, 말은 짧고 간략하게 해야 한다는 점에 특히 유의해야 할 것이다. 여러분의 논점이 복잡하면 복잡할수록 이 내용을 자기들의 그 "예"라고 말하는 자에게 정확하게 전달하지 않을 가능성은 그만큼 더 크다.

어휘 **be especially sure to** 특히 ~에 유의하다 **complicated** 복잡한 **chance** 가능성 **accurately** 정확하게

B 상대방을 조사연구 하라

Try to learn as much about your opponent as you can before you begin negotiating. You should also try to figure out what your opponent's goals and motivations are. If you can find something in your proposal that is attractive or beneficial to the person you are negotiating with, you will have a much better chance of conducting a successful negotiation (Ilich, 1996: 23).

해석 협상을 시작하기 전에 여러분은 상대방에 대해 가능한 많이 알려고 애쓰라. 또한 상대방의 목표와 동기에 대해 파악하려고 애쓰라. 만약 여러분이 자신의 제안서 안에 협상할 상대방이 보기에 매력적이거나 혹은 이득이 되는 내용이 들어있다는 것을 발견하게 된다면, 여러분이 협상을 성공적으로 수행할 가능성은 더 많게 된다.

어휘 **motivation** 동기 **attractive** 매력적인 **beneficial** 이득이 되는 **conduct** 수행하다

C 상대방의 움직임을 예측하라

Once you've found out your opponent's motives, you'll be able to predict how he will act at the bargaining table. When you know in advance what arguments he will raise, you will be able to answer each one of them (Ilich, 1996: 24).

어휘 일단 상대방의 진의를 알아냈다면, 여러분은 흥정 테이블에서 그가 어떻게 행동할 지를 예측할 수 있을 것이다. 그가 무슨 논쟁을 제기할 지 미리 안다면 여러분은 그 각 각에 대해 답을 할 수 있을 것이다.

어휘 **motive** 진의, 목적 **predict** 예측하다 **raise** 제기하다

3 협상 준비와 시작

✓ Always try to negotiate on your home field, the place you are most comfortable.
✓ Choose the time of day when you are at your mental peak to negotiate.
✓ Wear comfortable clothes when negotiating. Choose your clothes to suit the situation.
✓ Try to establish your credibility and discover common ground with your opponent before you launch into your bargaining position.
✓ Open negotiation with confidence. If your opponent seems reluctant to deal with you, suggest that you both have a common interest in resolving the issue.

출처: Ilich (1996: 36–7)

해석 ✓ 항상 가장 편안한 장소인 자신의 본거지에서 협상하도록 애쓰라.
✓ 하루 중 협상하기에 정신상태가 최고조로 좋은 시간을 선택하라.
✓ 협상 시 편안한 복장을 하라. 상황에 맞는 옷을 선택하라.
✓ 여러분의 흥정 입장을 내놓기 전에 여러분의 신뢰도를 확립시키고 상대방과 공유할 점이 있는 지 찾으려고 노력하라.
✓ 확신을 갖고 협상을 개시하라. 상대방이 여러분과 거래하기를 꺼리는듯하면 상대에게 우리 모두 문제 해결에 있어 공통 관심사가 있음을 넌지시 비치라

어휘 **home field** 근거지, 본부, 본거지 **mental peak** 최고조의 정신상태 **suit** 적합하다
credibility 신뢰도 **common ground** 공통점 **launch into** 나서게 하다, 내놓다
with confidence 확신을 가지고 **reluctant** 꺼리는 **suggest** 완곡하게 말하다, 넌지시 비치다

A 사전준비하기

Once you've planned your arguments and counter-arguments, you are ready to begin negotiating. All you need is to arrange a meeting. But there are subtle nuances of time and place that can work for you or against you before you even open your mouth to begin negotiating (Ilich, 1996: 30).

해석 일단 논쟁 사항 및 맞논쟁 사항을 계획했으면 여러분은 협상 준비가 된 것이다. 여러분에게 필요한 전부는 회의를 주선하는 일 뿐이다. 그러나 시간과 장소에는 미묘한 뉘앙스가 있어, 이는 협상을 시작하려고 입을 열기도 전에 여러분에게 긍정적으로 혹은 부정적으로 작용할 가능성이 있다.

어휘 **arrange** 주선하다 **subtle** 미묘한 **nuance** 뉘앙스
work for (against) 유리하게 (불리하게) 작용하다

Your home field - that's where you want to play the negotiating game. Why is negotiating on home base so important? When you negotiate on home field, your concentration won't be broken by trying to adjust to unfamiliar and possibly uncomfortable surroundings, but your opponent's will. That gives you the edge (Ilich, 1996: 30).

해석 여러분의 본거지, 바로 그곳이 여러분이 협상 게임을 펼치고 싶은 장소이다. 왜 본거지에서 협상하는 것이 중요한가? 여러분의 본거지에서 협상을 하면, 여러분에게는 낯설고 불편할 수 있는 주변 환경에 적응하느라고 집중력이 분산되는 일이 없을 것이고, 반면에 그런 일이 여러분의 상대방에게는 있을 것이다. 그래서 여러분이 유리하다.

어휘 **adjust to** ~에 적응하다 **edge** 우세, 유리

There will be occasions when you will get trapped into negotiating on your opponent's home field. Then, don't be the first person to speak. Let your opponent open the negotiation so you have an extra chance to understand what her position is, and decide what your own approach should be (Ilich, 1996: 31).

해석 여러분이 상대방의 본거지에서 협상해야 되는 함정에 빠질 경우도 있을 것이다. 그런 상황이라면 먼저 말문을 열지 말라. 상대방으로 하여금 협상을 시작하게 하라. 그러면 여러분은 상대방의 입지 파악과 여러분의 접근방식을 결정할 기회를 추가로 갖게 되는 것이다.

어휘 **occasion** 경우, 때 **get trapped** 함정에 빠지다

Timing is everything. It is important that you negotiate when you are at your physical peak. If you are a late riser and don't get rolling until after lunch, try to do all of your negotiating later in the day. On the other hand, if you open your eyes in the morning, do your negotiation then (Ilich, 1996: 31).

해석 타이밍이 전부다. 여러분이 신체적으로 최고조 상태에 있을 때 협상한다는 것이 중요하다. 여러분이 아침 늦게 일어나는 사람이라면 점심 전까지는 협상을 시작하지 말고, 모든 협상은 오후 느지막하게 시작하라. 반면에 여러분이 아침 일찍 일어나는 사람이라면 그 때 협상하라.

어휘 **physical** 신체적인 **a late riser** 늦게 기상하는 사람 **get rolling** 일을 시작하다

In negotiation, as in almost everything else, you will be judged by how you look. And the first impression you create is the most lasting one. If you look competent and professional, your opponent is more likely to believe that you are. Make sure your clothing projects an image appropriate to your negotiation (Ilich, 1996: 32).

해석 모든 다른 경우와 마찬가지로 협상에 있어서도 여러분은 외모로 판단될 것이다. 여러분이 만들어내는 첫인상은 가장 오래 가는 것이다. 여러분이 능력 있어 보이고 전문가다워 보이면 상대방도 그렇게 믿을 가능성이 높다. 여러분의 복장이 여러분의 협상에 적절한 이미지를 투영해 주는 지 확인하라

어휘 **be judged by** ~로 판단되다 **lasting** 오래가는 **competent** 능력 있는 **make sure** 확실히 하다 **project** 투영[투사]하다, 비추다 **appropriate** 적절한

A 여러분이 두는 개시 움직임

How you start a negotiation will have an important and crucial impact on its final outcome. A good first impression makes your opponent more receptive to your entire presentation. Making the right opening moves sets the tone for the remainder of your negotiating game (Ilich, 1996: 33).

해석 여러분이 협상을 어떻게 시작하느냐는 그 최종 결과에 아주 중요하고 결정적인 영향을 줄 것이다. 좋은 첫인상은 상대방으로 하여금 여러분의 발표 전체에 대해 보다 더 수용적 태도를 갖게 만든다. 여러분이 개시로 두는 첫 수를 제대로 두면 이는 협상 게임의 나머지 부분에 유리한 어조를 설정하는 셈이다.

어휘 **crucial** 매우 중요한 **impact** 충격, 영향 **outcome** 결과 **receptive** 수용적인 **entire** 전체의 **tone** 어조, 말투, 논조 **remainder** 나머지

If you rush into business too quickly before you cultivate a positive negotiation environment, your opponent may become defensive and resist giving you what you want, even if your position is a solid one (Ilich, 1996: 33).

해석 여러분이 긍정적인 협상분위기를 조성하기도 전에 너무 서둘러 본론으로 들어가면, 상대방은 방어적으로 되고, 여러분의 입장이 아무리 탄탄한 것일지라도 상대방은 여러분이 원하는 것을 주는데 저항할지도 모른다.

어휘 **cultivate** 배양하다 **defensive** 방어적인 **resist** 저항하다 **solid** 탄탄한

When you've finished with the small talk, you should explain why you are there. Be concise and polite. By suggesting that you both have the same goals - a desire to be fair, to solve the problem, and to maintain a business relationship - you make it seem as though both of you are on the same side (Ilich, 1996: 34-35).

해석 담소를 끝낸 이후, 여러분은 왜 이 자리에 나왔는지를 설명해야 한다. 간결하고 상냥하게 하라. 쌍방이 공정한 진행, 문제해결, 업무관계 유지 등을 갈망한다는 동일한 목표를 갖고 있음을 넌지시 알림으로써 여러분은 양쪽 모두 한편인 것처럼 보이게 만드는 것이다.

어휘 **small talk** 담소 **concise** 간결한 **as though** 마치 ~인 듯 **on the same side** 한편인

CHAPTER

2 협상중: 기본 협상기법

1 단어의 힘: 협상 언어

✓ Use simple language instead of complex terminology.
✓ If your opponent uses terms you don't understand, ask for clarification.
✓ Be as descriptive as possible. Avoid generalities.
✓ Remain silent when you are not sure what to say.
✓ Use extrapolation to let your opponent draw her own conclusions. It is more likely motivate your opponent than anything you say.

출처: Ilich (1996: 46)

해석
✓ 복잡한 전문용어 대신 단순한 언어를 사용하라.
✓ 상대방이 여러분이 모르는 용어를 쓰면, 명백하게 하기 위해 물어보라.
✓ 가능한 한 서술형으로 말하라. 개론적인 말은 피하라.
✓ 무슨 말을 할 지 잘 모를 때에는 침묵하라.
✓ 상대방 스스로 결론을 내리도록 하는 외삽법을 사용하라. 이는 여러분의 어떤 말보다도 상대방을 동기 부여시켜 줄 가능성이 많다.

어휘
terminology 전문 용어　term 용어　clarification 설명, 해명
descriptive 기술(記述)[서술]적인, 설명적인　generality 개략, 개론, 통칙
extrapolation 외삽법, 보외법

A 간략하고 서술형으로 하라

At all stages of negotiation, it's important to speak clearly so there is no danger of misinterpretation. Avoid strange words or general, catch-all phrase, which may not convey the message you are trying to send and will often call for additional explanations (Ilich, 1996: 40).

해석 협상의 모든 단계에서 오해라는 위험의 소지가 없도록 분명하게 발언하는 것이 중요하다. 이상한 단어나 일반적이고 모든 내용을 묶는 어구는 피하라. 이로 인해 여러분이 보내고자하는 메시지가 전달되지 않을 수도 있고, 종종 추가 설명도 필요하게 된다.

어휘 **catch-all** 모든 것을 한 번에 잡아 묶는 **convey** 전달하다 **call for** 필요로 하다

다음은 피해야할 어구들의 예이다 (Ilich, 1996: 41).

Catch-All Phrase (x)	Specific Terms (o)
We've settled everything. 모든 걸 해결했다	We've settled the following points: 다음 사항들을 해결했다
Settlement Package. 종합 정산안	The settlement terms are as follows: 정산조건은 다음과 같다
Under Warranty. 보증함	The warranty for OOO includes XXX. OOO에 대한 보증에는 XXX가 포함된다

B 상대방의 언어로 말하라

If your opponent is using specialized language or jargon you don't understand, don't hesitate to ask her to repeat or clarify a statement. Once you know what the term means and comfortable with it, you can freely use it during the discussion in order to communicate more effectively with your opponent (Ilich, 1996: 42-43).

해석 상대방이 여러분이 이해하지 못하는 특별한 언어 혹은 전문용어를 사용하면, 주저 없이 그 내용을 반복해 달라거나 분명하게 해 달라고 요구하라. 일단 그 용어의 의미를 알게 되어 사용하기 편해지면 토론하는 동안 여러분도 이를 자유롭게 쓸 수 있다. 그러면 상대방과의 커뮤니케이션이 더 효율적으로 될 것이다.

해석 **jargon** 전문용어 **hesitate** 주저하다 **clarify** 명확히 하다

C 침묵의 소리

Silence enhances one's authority. Don't assume that you have to out-talk your opponent to win at negotiation. If you are in doubt as to whether to speak or what you want to say, the best approach is to remain silent (Ilich, 1996: 43).

해석 침묵은 사람의 권위를 높여준다. 협상에서 이기기 위해 상대방보다 말을 많이 해야 한다고 가정하지 말라. 말을 할 것인지 말 것인지 혹은 무슨 말을 해야 할지 의심이 가면, 그 때 취할 최선의 방법은 침묵을 유지하는 것이다.

어휘 **enhance** 올리다 **assume** 가정하다 **out-talk** ~보다 말을 더 많이 하다 **are in doubt** 의심하다 **as to** ~에 관해

Use silence strategically after you've made a solid point. This gives your opponent time to fully absorb your meaning and encourages him to draw his own conclusions. Since we're all powerfully influenced by our own conclusions rather than what someone else tells us to believe, silence is a powerful tool (Ilich, 1996: 44).

해석 견고한 요점을 말 한 뒤에는 전략적으로 침묵하라. 이 침묵은 상대방에게 여러분의 발언 의미를 충분히 받아들일 시간을 주는 셈이고, 스스로 결론에 도달하도록 격려해 주는 것이다. 우리는 남이 믿으라고 말해주는 내용보다 우리 스스로가 내린 결론에 더 강한 영향을 받는다. 따라서 침묵은 강력한 도구이다.

어휘 **absorb** 흡수하다 **encourage** 격려하다

Remain silent after your opponent has made a proposal. Your silence suggests disappointment or disapproval. Then, your opponent may rush in, offering concessions that will sweeten the deal. ((Ilich, 1996: 44)

해석 상대방이 제안을 한 후에는 조용히 있으라. 여러분의 침묵은 실망이나 부인을 암시한다. 그러면 상대방은 거래를 더 달콤하게 만들 양보를 하겠다며 달려들 것이다.

어휘 **disappointment** 실망 **disapproval** 승인 불허 **sweeten** 달콤하게 만들다

D 외삽법의 기교

Extrapolation is stating facts in a manner that can lead to one inescapable conclusion. It is a powerful bargaining tool because we are always more influenced by our own conclusions than anyone else's. If you can state the facts in a way that forces your opponents to draw her own conclusion, the conclusion you want her to reach, you stand a much better chance of winning the negotiation (Ilich, 1996: 45).

해석 외사법이란 스스로를 피할 수 없는 결론에 이르도록 사실들을 진술하는 것이다. 이것은 강력한 흥정 수단이다. 우리는 늘 다른 누구의 결론보다도 자신이 내린 결론에 더 영향을 받기 때문이다. 여러분이 원하는 결론을 상대방 스스로 내리도록 밀어붙이는 방식으로 사실들을 이야기 할 수 있다면, 여러분은 협상에서 이길 가능성이 더 많은 입장에 놓이게 된다.

어휘 **extrapolation** 외삽법, 보외법 **in a manner** ~하는 식으로
inescapable 피할 수 없는 **force** 강요하다 **draw one's own conclusion** 자기 자신의 결론을 내다
stand ~한 상태 · 관계 · 입장에 있다

이제 다음 대화로 외삽법에 대해 알아보자.

(예) 외삽법 기교

Buyer : What kind of profit can this business make?

Seller : Sales have increased an average of 10% over the last 3 years, and net profits, 15% over that same period. The company has 2 new products that are hot sellers, and another product in the development stage that looks very promising.

<By stating facts about the business' performance, you allow the buyer to form her own conclusions about the future profit potential of your business.>

출처: Ilich (1996: 45)

해석 구매자 : 이 사업에서는 이윤이 얼마나 나옵니까?

판매자 : 지난 3년 동안 판매가 평균 10% 이상 증가했고, 동 기간 순이익은 15% 올랐습니다. 회사에서 신제품을 2개 출시했는데 아주 잘 팔립니다. 지금 개발 중인 다른 제품도 전망이 아주 밝아 보입니다.

〈사업실적에 대한 사실들을 기술함으로써, 여러분은 이 사업의 향후 이윤창출 잠재력에 대해 구매자에게 스스로 결론을 맺도록 해 준다.〉

어휘 **average** 평균 **net profit** 순 이익 **over that same period** 동 기간에 걸쳐
promising 전망이 밝은 **performance** 업무 실적 **potential** 잠재력

2 몸짓언어와 소도구

- ✓ Use body language to underline your arguments when you negotiate.
- ✓ Control your facial expressions so you don't give any extra information to your opponent.
- ✓ Watch your opponent for telltale gestures and expressions that may reveal his position.
- ✓ Use props such as documents or videos to legitimize, dramatize, and emphasize your bargaining position.

출처: Ilich (1996: 53–54)

해석
- ✓ 협상할 때 논쟁점을 강조하기 위해 몸짓언어를 사용하라.
- ✓ 얼굴표정을 잘 통제해서 상대방에게 추가 정보를 주지 않도록 하라.
- ✓ 감추려해도 그 자신의 입장을 드러낼 수 있는 상대방의 제스처와 표현을 잘 지켜보아라.
- ✓ 흥정 입장을 정당화하고 극적으로 만들고 강조하기 위해 문서나 비디오자료 등 소도구를 사용하라.

어휘 **underline** 강조하다, 분명히 나타내다 **facial expression** 얼굴표정
telltale 비밀을 폭로하는, 감추려 해도 드러나는 **reveal** 드러내다 **prop** 버팀목, 소도구
legitimize 합법[정당]화하다 **emphasize** 강조하다

A 공통적인 제스처

Body language is a series of purposeful gestures, postures, and movements that reinforce or show what you want to say. You can add polish to your negotiating by pairing up key phrases and ideas with a few common but powerful physical gestures (Ilich, 1996: 48).

해석 몸짓언어는 자기가 말하고 싶은 것을 강화시켜주거나 보여주는 일련의 목적을 담은 제스처, 자태, 움직임이다. 협상 시 중요한 어구나 아이디어와 함께 흔하지만 강력한 몇 가지 신체적 제스처를 짝을 이루어 병행하면 금상첨화이다.

어휘 **postures** (어떤 특정한) 자세, 자태, 몸가짐 **reinforce** 강화하다 **polish** 광택, 윤
pair up 짝이 되다, 짝짓게 하다

B 상대방의 몸짓언어

During negotiation, it's just as important to observe what your opponent does as it is to listen to what he says. So watch your opponent during discussions. Don't spend your time taking notes. Only jot down the terms of agreements you've reached or information you don't want to forget (Ilich, 1996: 50).

해석 협상하는 동안 상대방이 하는 말을 경청하는 것 만큼이나 그가 하는 행동을 지켜보는 것도 중요하다. 그러함으로 토론하는 동안 상대방을 지켜보라. 노트필기 하는데 시간을 쓰지 말라. 지금까지 합의한 조건들 혹은 잊지 않고 싶은 정보를 몇 자 적기만 하라.

어휘 **observe** 관찰하다 **take notes** 필기하다 **jot down** 몇 자 적다 **term** 조건

Your opponent's facial and body expressions will be sending out all kinds of signals, and you will want to catch as many of those signals as possible and make use of them during the negotiation (Ilich, 1996: 50).

해석 상대방의 얼굴표정과 몸짓표현은 별의별 신호를 내보내고 있는 것이므로, 여러분은 가능한 많이 신호들을 포착해서 이를 협상하는 동안 이용하라.

어휘 **signal** 신호 **make use of** 이용하다

C 협상 중 소도구 사용하기

Props here are any materials, documents, charts, or accessories that help you demonstrate and strengthen your bargaining position. A picture is worth a thousand words. There are many benefits to using props: Props legitimize and document your position: Props dramatize your bargaining position: and Props break your opponent's negotiating momentum (Ilich, 1996: 51).

해석 여기서 소도구란, 여러분의 흥정입장을 보여주고 강화시키는데 도움의 될 모든 자료, 문서, 차트 혹은 액세서리 등을 일컫는다. 그림 한 장은 천 마디 말의 가치가 있다. 소도구를 사용하는 데에는 많은 이득이 있다. 소도구들은 여러분의 입장을 정당화하고 문서화 해주며, 여러분의 흥정 입장을 극적으로 만들어 주어, 상대방의 협상 여세를 깰 수 있게 해준다.

어휘 **prop** 버팀목, 소도구 **legitimize** 합법(정당)화하다
document ~에게 증거[자료]를 제공[첨부]하다, 문서[증거 서류]로 증명하다 **momentum** 여세, 추진력

3 타이밍과 마감기일

✓ Always think about when you should say and do when you're negotiating. If the time is right, your odds of succeeding will be substantially increased.

✓ If you feel you've lost your timing, ask for an immediate recess. Pull yourself together, think about what happened and why, and in most cases you'll figure out what went wrong and how you correct it.

✓ Deadlines increase your negotiating power because they reduce your opponent's options and increase your options. Set the shortest deadlines you can reasonably justify.

✓ Be sure you can live with any deadlines you impose. Don't extend your deadlines unless there's a legitimate reason to do so.

✓ If you can meet deadlines imposed on you by your opponent, do it. If not, ask for an extension as soon as possible and always ask for more time than you need.

✓ Be careful not to impose deadlines on yourself, and don't admit to any self-imposed deadlines.

출처: Ilich (1996: 61–62)

해석 ✓ 협상할 때 언제 말을 해야 하고 행동해야 하는 지 항상 생각하라. 타이밍이 맞으면 여러 분이 성공할 가능성은 상당히 높아질 것이다.

✓ 타이밍을 놓쳤다는 생각이 들면, 즉시 휴회를 요청하라. 마음을 추스르고, 무슨 일이 왜 일어났는지 생각해 보라. 그러면 대부분의 경우, 무엇이 잘못되었는지 이해하게되고 이를 어떻게 고쳐야 하

는지도 알게 될 것이다.

✓ 마감기일은 여러분에게 협상력을 높여준다. 이로 인해 상대방의 선택 여지는 줄고 여러분의 선택 여지는 늘기 때문이다. 합리적으로 정당화 할 수 있는 최단 시점으로 마감일을 정하라.

✓ 자신이 부과한 마감일을 감당할 수 있는지 확인하라. 정당한 사유가 없는 한 마감기일을 연장하지 말라.

✓ 상대방이 여러분에게 부과한 마감일을 맞출 수 있으면 그렇게 하라. 그렇지 않다면 가능한 빨리 기한 연장을 요청하라. 그리고 항상 필요 기일 보다 여유가 있게 요구 하라.

✓ 스스로 마감일을 부과하지 않도록 조심하라. 그리고 스스로 부과한 마감일은 어떤 것도 받아들이지 말라.

어휘 **odds** 가능성, 확률 **substantially** 상당히 **recess** 휴식, 휴회
Pull yourself together 기운 내다, 진정시키다 **reduce** 줄이다 **justify** 정당화하다
live with ~을 감수하다, 참고 견디다 **impose** 부과하다 **extend** 연장하다 **extension** 연장
self-imposed 자기가 부과한

A 좋은 타이밍의 중요성

Timing has a crucial impact on your negotiating position. The first question of timing is raised when you decide when you meet. If your opponent is anxious to negotiate, you can assume she is very confident of her ability to win. If that's the case, delay the bargaining, because the timing is not favorable for you. Give your opponent a plausible reason for postponing (Ilich, 1996: 56).

해석 타이밍은 여러분의 협상 입지에 매우 중요한 영향을 미친다. 제일 먼저 타이밍의 문제가 제기되는 때는 언제 만날 것인가를 결정할 때이다. 상대방이 협상하고 싶어서 안달하면, 상대방은 협상에 자기가 이길 자신이 있음이 확고하다고 가정할 수 있다. 만약 그렇다면, 흥정시기를 늦추라. 타이밍이 여러분에게 유리하지 않기 때문이다. 상대방에게 그럴듯한 연기 이유를 대주라.

어휘 **anxious** 갈망하는 **confident of** ~를 자신하는 **If that's the case** 만약 그런 경우라면
delay 지연시키다 **favorable** 유리한 **plausible** 그럴듯한 **postpone** 미루다

You'll immediately know from your opponent's reaction if your timing was right. If your opponent is receptive, great! Press on with the bargaining. If you get a negative reaction, back off and continue to throw in some concessions or scale back your expectations (Ilich, 1996: 56).

해석 타이밍이 제대로 맞았는지는 상대방의 반응으로 즉시 알 수 있을 것이다. 상대방이 수용하는 자세이면 아주 좋은 일이다. 흥정에 박차를 가하라. 부정적인 반응을 받게 되면 한 발 물러서서 계속 몇 가지 양보를 던져보거나 여러분의 기대치를 줄여보라.

어휘 **receptive** 수용하는 **back off** 한걸음 물러서다 **scale back** 축소하다

When you lose your timing you'll know it. Nothing you say is well received and nothing you suggest is accepted. You're on the defensive. Then, the best way is to stop negotiating. Ask for a short break if you can pull yourself quickly, a long one if you feel you need more time (Ilich, 1996: 56).

해석 여러분이 타이밍을 놓치면, 이를 놓쳤다는 사실도 알게 된다. 여러분이 무슨 말을 하고 무엇을 제안하던 그 어느 것도 잘 받아들여지지 않는다. 여러분은 방어적인 입장이 된다. 이때 최선책은 협상을 중단하는 것이다. 여러분이 마음을 빨리 추스릴 수 있다면 잠깐 쉬자고 요청하고, 시간이 더 필요할 것 같으면 좀 더 긴 휴식시간을 갖자고 요청하라.

어휘 **defensive** 방어적인 **break** 잠시 쉬기, 휴식 **pull oneself** 기운 내다, 진정시키다

B 마감기일에 대한 협상

In negotiation, setting a deadline is like sticking a ticking time bomb under your opponent. Deadlines are powerful motivators. When you set deadlines, fear becomes your bargaining ally. Deadlines play on that fear in 2 ways; Deadlines reduce your opponent's options; and Deadlines give you greater bargaining flexibility (Ilich, 1996: 56).

해석 협상에 있어서 마감일정을 잡는 것은 상대방 의자 밑에 시한폭탄을 꽂아 넣은 것과 같다. 마감기일은 강력한 동기부여 장치이다. 여러분이 마감기일을 정한다면 두려움은 여러분의 동맹자가 된다. 마감기일이 두려움을 자아내는 방식은 두 가지이다. 상대방에게는 선택의 폭을 줄여주고 여러분에게는 흥정의 융통성을 주는 것이 그것이다.

어휘 **stick** 찔러 넣다, 꽂다, 끼우다, 찔러 박다 **ally** 동맹자, 자기편 **flexibility** 융통성

If your opponent sets a deadline and you can meet it, meet it. If you can't, ask for an extension well in advance of the deadline. If you wait until the last minute, you'll have a lot of anxiety wondering if you are going to get the extra time you need (Ilich, 1996: 60).

해석 만약 상대방이 마감일정을 잡았는데 여러분이 이를 맞춰줄 수 있다면 그렇게 하라. 맞출 수 없다면 기한 연장을 충분히 미리 요청하라. 마지막 순간까지 기다린다면 여러분은 필요한 추가 시간을 얻어낼 수 있을까에 대한 걱정을 많이 하게 될 것이다.

어휘 **meet** 조건을 맞추다, 충족하다 **extension** 연장 **well in advance** 훨씬 미리 **anxiety** 근심, 걱정

If your opponent is a skilled negotiator, he'll probe to see if you have any self-imposed deadlines. He may be fishing to see if you have any travel, personal or business commitments that impose a deadline on you. When you answer those questions, be brief. Short responses don't disclose any of your plans or commitments and thus don't reveal any deadlines that you have to meet (Ilich, 1996: 61).

해석 상대방이 노련한 협상가라면 상대방은 여러분이 스스로 부과한 마감기한이 있는지 알아보려고 여러 가지 캐물을 것이다. 여러분이 출장계획이나 사업 약속 등 여러분이 여러분 자신에게 마감기한을 부과하게 될 것들이 있나 알아보려고 미끼를 던져 낚아보려 할지도 모른다. 이런 질문에 여러분이 답을 해야 될 경우라면 간략한 답을 주라. 짧은 대꾸로는 여러분이 어떤 계획이나 약속이 있는지를 노출되지 않으므로, 여러분이 맞추어야 할 기한을 드러내지 않게 되는 것이다.

어휘 **probe** 캐묻다 **self-imposed** 자신이 부과한 **impose** 부과하다 **disclose** 노출시키다

4 질문 많이 하기

- ✓ Questions are excellent probing tools that help you to get information you might not otherwise have access to.
- ✓ General questions are best at the beginning of the bargaining. Specific questions call for more confined answers and are useful at any stage of the bargaining.
- ✓ Leading questions seek a "yes" answer and put your opponent in a "yes" mood.
- ✓ Use suggestive questions and questions that require a choice to get a commitment from your opponent.
- ✓ Successive questions help you to control the bargaining. Ask them without pausing because you don't want your opponent to reply until you finish.

출처: Ilich (1996: 72-74)

해석
- ✓ 질문이란 다른 방법으로는 접할 수 없는 정보를 얻는데 도움이 되는 훌륭한 캐묻기 도구이다.
- ✓ 흥정 시작단계에서는 일반적인 질문들이 제일 좋다. 구체적인 질문들은 답을 보다 제한적인 것으로 만들기 때문에 흥정의 어떤 단계에서도 유용하게 사용할 수 있다.
- ✓ 유도 질문이란 "예"라는 답을 추구하는 것으로, 상대방으로 하여금 "예" 라는 기분을 들게 만드는 것이다.
- ✓ 상대방으로부터 약속을 받아내려면 제안적인 질문이나 선택을 요하는 질문을 하라.
- ✓ 연속적인 질문은 여러분이 흥정을 제어할 수 있게 하는데 도움이 된다. 여러분의 질문이 다 끝날 때까지 상대방이 답을 하지 못하도록 쉬지 말고 질문을 퍼부어라.

어휘 **otherwise** 그렇지 않으면 **access** 접근 **call for** 필요로 하다 **confined** 한정된
suggestive 암시적인 **successive** 연속적인 **pausing** 잠깐 멈추기

A 질문하기의 이점

Questions are excellent probing tools for 2 reasons: They help you discover information that only your opponent knows, or that is otherwise very difficult to get; and They give you more control over the tone and flow of the negotiation. There are several kinds of questions, and each has a different purpose in negotiation (Ilich, 1996: 64).

해석 질문이 훌륭한 캐묻기 도구인 이유는 두 가지이다. 다른 방법으로는 도저히 얻을 수 없는, 상대방만이 알고 있는 정보를 발견하는데 도움이 되고, 여러분이 협상의 어조나 흐름을 더 잘 통제할 수 있도록 해준다는 점이다. 협상에서 하게 되는 질문은 종류도 많고 그 목적도 다르다.

어휘 probing 캐묻는

B 상황 판단하기: 일반적인 질문

General questions are useful for sizing up the situation, and for probing for new facts and information. The best time to use them is during the early stages of the bargaining, while you and your opponent are still getting to know each other, before the terms have been laid out on the bargaining table (Ilich, 1996: 64).

해석 일반적인 질문들은 상황을 판단하고 새로운 사실과 정보를 캐내는데 유용하다. 이런 일반적인 질문을 할 최적의 타이밍은 여러분과 상대방이 서로를 아직은 잘 몰라 서로를 알아가는 흥정 초기 단계로서, 흥정 테이블 위에 협상조건들이 놓이기 전이다.

어휘 size up (정세 따위)를 판단하다 laid out 짜여진, 작성된

(예) 상황판단을 위한 일반적인 질문들

- "How long have you been in this business? With this company?"
  (이 업계에서 일하신 지는 얼마나 되세요? 이 회사하고는요?)

- "What's the market like?" (시장 상황이 어때요?)
- "Why are the owners selling?" (왜 팔려고 하나요?)
- "What are you looking for in this item?" (이 조건에서 무엇을 찾으시나요?)

출처: Ilich (1996: p.64-65)

You should abandon general questions as the bargaining unfolds. By asking more general questions you run the risk of reopening issues that were already agreed upon (Ilich, 1996: 65).

해석 흥정이 진행되면서는 일반적 질문은 하지 말아야 한다. 일반적인 질문을 하게 되면 이미 합의한 사항들에 대해 다시 이야기를 꺼내는 위험을 감수하게 된다.

어휘 **abandon** 버리다 **unfold** 전개하다 **run the risk** 위험을 감수하다 **agreed upon** 합의된

C 구체적으로 들어가기: 구체적 질문들

Specific questions call for fairly confined answers. You can use specific questions at any point during a negotiation, but they're best asked in the later stages, when you're more apt to know exactly what you're after (Ilich, 1996: 65).

해석 구체적인 질문들은 상당히 한정된 답을 요한다. 협상 도중 어느 단계에서나 구체적인 질문을 할 수 있으나, 보다 나중 단계, 즉 여러분이 추구하는 것이 정확하게 무엇인지를 보다 알기 쉬워진 단계에서 묻는 것이 제일 좋다.

어휘 **specific** 구체적인, 구체적인 것 **fairly** 상당히 **apt to** ~하기 쉬운 **be after** 추구하다

D 즉각적인 결과 얻기: 유도 질문들

Leading questions are simply statements turned into questions. They always call for "yes" answers. When you ask a leading question, you already know what response you expect to get from your opponent. Leading questions help you maintain control of the bargaining, and may push your negotiating momentum further along (Ilich, 1996: 66).

해석 유도하는 질문이란 간단히 말하자면 질문으로 바뀌어 질 서술문이다. 이런 질문은 항상 "예"라는 답을 요한다. 여러분이 유도적인 질문을 하면 여러분은 이미 상대방으로부터 무슨 답을 듣게 될지 알고 있는 것이다. 유도적인 질문들은 여러분이 흥정에 있어 통제권을 유지하도록 도우며, 그래서 여러분이 탄력을 받아 흥정을 쭉 끌고 가도록 밀어주기도 한다.

어휘 **leading** 유도하는 **turned into** ~로 바뀌는 **call for** 필요로 하다

(예) 원하는 답을 유도하는 식의 질문들

- "It's a very profitable company, isn't it?" (이윤을 많이 내는 회사, 맞죠?)
- "You've done an excellent job and really earned a raise, haven't you?"
(일을 정말 잘해서 봉급 올랐겠네요?)

출처: Ilich (1996: 66)

E 넌지시 암시 받아내기: 암시적 질문들

A leading question feels more aggressive and bullying than a suggestive question. Embedded in suggestive questions is a specific suggestion. In suggestive questions, your opponent must either commit himself to the course of action suggested in your question or explain why not. So, suggestive questions are excellent bargaining tools (Ilich, 1996: 66).

해석 유도적인 질문은 암시적인 질문보다 더 공격적이고 밀어붙이는 느낌을 준다. 암시적인 질문에는 구체적인 제안이 내포되어 있다. 이러한 암시적인 질문을 받은 상대방은 여러분이 던지는 질문 속에서 암시하는 일련의 행동에 대해 약속을 해 주거나 아니면 그렇게 이행할 수 없는 지에 대한 이유를 설명해 주게끔 된다. 그래서 암시적인 질문들이 훌륭한 흥정도구인 것이다.

어휘 **aggressive** 공격적인 **bullying** 약자를 괴롭히는, 밀어붙이는 **suggestive** 암시적인 **embedded** 내포된

(예) 암시적 질문들

➔ "Don't you think it's better to sign the contract now?"
(지금 계약에 서명하는 것이 더 좋다고 생각하지 않으세요?)

➔ "Wouldn't it be best to give me my money back now?"
(이제 제 돈을 돌려주시는 게 최선이 아닐까요?)

출처: Ilich (1996: 66)

F 호의적인 대답 받아내기: 명백한 질문들

Obvious questions are designed to get a favorable response because your opponent doesn't want to look stupid even though he may not know the correct answer. By definition, questions that call for obvious answers have to relate to matters of common knowledge (Ilich, 1996: 67).

해석 명백한 질문들은 호의적인 대응을 할 수 밖에 없도록 고안된 것이다. 상대방은 비록 자기가 정확한 답을 몰라도 명백한 질문에 대한 답을 못하는 바보처럼 보이고 싶지 않아하기 때문이다. 낱말의 정의 그대로, 명백한 답을 요하는 질문들은 상식에 관련된 문제이어야 한다.

어휘 **obvious** 명백한 **are designed to** ~하기 위해 고안되다 **By definition** 낱말의 정의 그대로 **relate to** ~에 관련된

(예) 명백한 질문들

➔ "Doesn't everyone know that the cost of living has gone up?"
(생활비가 올랐다는 것은 모든 사람이 알고 있지 않나요?)

➔ "Don't we all know it's a buyer's market?"
(이건 구매자가 주도하는 시장인 것을 우리 모두 알잖아요?)

출처: Ilich (1996: 67)

G 선택을 요하는 질문들

Using choice questions is a very good tactic when your opponent is evasive and you want to pin him down (Ilich, 1996: 68).

해석 상대방이 답을 회피하고 있을 때 그로부터 명확한 의견을 듣고자 한다면 선택적 질문을 하는 것은 매우 좋은 전술이다.

어휘 **tactic** 전술 **evasive** 회피적인 **pin ~ down** ~ 에게 자세한 설명[명확한 의견, 태도]를 요구하다

(예) 선택을 요하는 질문들

- "Would you give me that sofa and chair combination for $700 or the other living room set for 600?"
  (저 소파하고 의자를 합쳐 700불에 주시거나 아니면 다른 거실가구 세트를 600불에 주시겠어요?)

- "Would you rather cover the costs in one lump sum at the end of the year or in quarterly payments?"
  (연 말에 전체비용을 하나로 묶어 지불하시겠습니까? 아니면 분기별로 네 차례에 나누어 지불하시겠습니까?)

출처: Ilich (1996: 68)

H 통제력 유지하기: 연속적 질문들

Successive questions are excellent tools to keep the bargaining momentum flowing in your favor. Your purpose when using successive questions is not to bully, annoy, or intimidate. The total sum of your questions has a much greater impact. By the time you get to your final question, it will be very difficult for your opponent to resist (Ilich, 1996: 69).

해석 연속적인 질문은 흥정의 여세가 여러분에게 유리하게 계속 흐르도록 해주는 탁월한 도구이다. 연속적

인 질문 기법을 사용하는 목적은 상대방을 못살게 굴거나 괴롭히고 겁주려는 것이 아니다. 여러분이 하는 모든 질문들이 상당한 영향력을 발휘한다. 여러분이 연속 질문의 마지막 질문을 할 때쯤이면 상대방은 저항하기가 매우 어려워질 것이다.

어휘 **successive** 연속적인 **momentum** 여세, 추진력 **in your favor** 여러분에게 이롭게 **bully** 못 하게 하다, 못살게 굴다 **annoy** 괴롭히다 **intimidate** 겁주다, 협박하다

이제 다음과 같은 연속적인 질문의 예를 살펴보자.

(예) 연속적인 질문

"Why shouldn't I get a reduction? Haven't I been a good supplier? Haven't I cooperated with you every time you need the products to be delivered in short notice? Shouldn't all of that be worth something? Don't you think it's fair and reasonable to give me a 10% discount this time?"

출처: Ilich (1996: 68)

해석 왜 할인이 안 됩니까? 그동안 저희가 훌륭한 공급업체 아니었나요? 귀사가 제품 배송을 급히 필요로 할 때마다 저희가 협조해드리지 않았습니까? 그 모든 게 가치가 없는 일입니까? 이번에는 10% 할인해 주시는 게 공평하고 합리적이라고 생각지 않으십니까?

어휘 **reduction** 감축, 축소 **in short notice** 곧바로, 즉각, 급히

I 노코멘트: 답변 회피 방법

You'll sometimes encounter questions that you shouldn't answer. Here are some tactful approaches you can use to dodge a question without turning off your opponent (Ilich, 1996: 71).

- Plead irrelevance. ("I'm not sure how that question fits in here.")
- Plead ignorance. ("I'm afraid I don't know.")
- Answer that it's too personal. ("Since it calls for personal information, I would rather not tell you about it.")
- Answer with your own question. ("What can you say if you are in such a situation?")

해석 여러분은 종종 답을 해선 안 되는 질문을 접하게 된다. 여기에 상대방의 미움을 사지 않으면서도 질문을 빠져나갈 수 있는 몇 가지 재치 있는 접근방법이 있다.

- 관련성이 없음을 이유로 내세우라. ("저는 그 질문이 여기서 어떻게 적합한지 잘 모르겠 는데요.")
- 무식함을 내세우라. ("죄송합니다만 전 모르겠습니다.")
- 그건 너무 개인적인 것이라고 답하라. ("개인 정보를 요하는 것이라서 그것에 대해서는 말씀 안 드리는 게 좋겠습니다.")
- 질문으로 답을 대신하라. ("선생님이 그런 입장이시라면 뭐라 말씀하시겠어요?")

어휘 **encounter** 마주치다 **tactful** 재치 있는 **dodge** 요리조리 빠져 나가다
turn off 흥미를 잃게 하다, 싫어지게 하다 **plead** 이유로서 내세우다 **irrelevance** 관련 없음
fit 의지 · 목적 · 시기 등에 (꼭) 맞다, 적합하다 **ignorance** 무식, 무지

5 최고 협상 기법들

✓ As you prepare to negotiate, you should consider which negotiating techniques will work in your negotiation.

✓ Use the "Building Block" technique to impress your opponent with your knowledge and preparation.

✓ The "Vinegar and Honey" technique works by making a bad negotiating situation or concession seem better than it really is.

✓ The "Exhausting" and "Gear-Shifting" techniques work best on large, complex negotiations.

✓ Use the "Conduit" technique when you are facing more than one opponent and can't convince the "yes" person directly.

✓ The "Talk-Show Host" and "Self-Deprecating" techniques work to form a bond with your opponent.

✓ The "It's a Shame" technique works when a negotiation is nearly settled and only a few points remain to be discussed.

출처: Ilich (1996: 84–85)

해석 ✓ 협상 준비를 할 때 어느 협상 기법이 제대로 먹혀들어갈 것인가를 고려해야 한다.

✓ 여러분의 지식과 준비성을 상대방에게 깊게 인상주기위해서는 "블록 쌓기" 기법을 쓰라.

✓ "식초와 꿀" 기법은 협상의 나쁜 상황이나 양보가 실제보다 더 나은 것처럼 보이게 만들어 주는 효과가 있다.

✓ "지치게 만들기" 기법과 "기어 변속" 기법은 규모가 크고 복잡한 협상을 할 때 최고로 진가를 발휘한다.

✓ "도관" 기법은 한 명 이상의 상대방과 마주하고 "예"라고 말할 최고 결정자를 직접 설득 시킬 수 없을 때 사용하라.

✓ "토크 쇼 호스트" 기법과 "자기 비하" 기법은 상대방과 유대감을 형성하는데 효험이 있다.

✓ "부끄러운 일이군요" 기법은 협상이 몇 가지 문제만 남겨놓고 거의 타개될 시점에 효과가 있다.

어휘 **Vinegar and Honey** 식초와 꿀 **concession** 양보 **Exhausting** 지친 **Gear-Shifting** 기어 변속 **Conduit** 도관 **face** 마주하다 **convince** 확신시키다 **Self-Deprecating** 자기 비하하기 **bond** 결속, 유대 **shame** 부끄러운 일

A "블록 쌓기" 기법

This technique is designed to impress your opponent with your preparation and knowledge of the negotiating situation. With this technique, you build your case with facts and figures, thus bolstering your position and your image in your opponent's eyes. This technique requires patience. Don't be too anxious to reveal your supporting facts too quickly. Dribble them out like drops from a leaky faucet (Ilich, 1996: 78).

해석 이 기법은 상대방에게 여러분이 협상 상황에 대해 준비와 지식을 갖추고 있다는 인상을 주기위해 고안된 것이다. 이 기법으로 여러분은 사실과 수치를 통해 여러분의 협상 사례를 구축하여, 상대방의 시각으로 봤을 때 여러분의 입장과 이미지가 보강되도록 해 준다. 이 기법은 인내를 요한다. 여러분의 입장을 지지해주는 사실들을 너무 빨리 드러내려고 안달하지 말라. 새는 수도꼭지에서 물방울이 떨어지듯 그것들을 찔끔찔끔 주라.

어휘 bolster 지지하다, 보강하다 dribble out 찔끔찔끔 주다 drop 물방울 leaky 새는 faucet 수도꼭지

B "식초와 꿀" 기법

"Vinegar and honey" situations occur every day. By discouraging your opponent with bad news (the vinegar) you then make the good news (honey) seem even sweeter, even if the good news isn't as good as your opponent expected (Ilich, 1996: 78).

해석 "식초와 꿀"과 같은 상황은 매일 일어난다. (식초인) 나쁜 소식으로 상대방을 낙담시키고 난 후 들려주는 (꿀인) 좋은 소식은 더 달콤한 것 같다. 물론 그 좋은 소식이 상대방의 기대만큼 좋지 않을지라도 그러하다.

어휘 discourage 낙담시키다 vinegar 식초

This technique works best when you make concessions in small increments. Smaller concessions are more convincing and leave you more room to negotiate (Ilich, 1996: 79).

해석 이 기법이 가장 잘 먹히는 경우는 여러분이 조금씩 양보를 해줄 때이다. 조금씩 해 주는 양보는 더 설득력이 있어, 여러분에게 더 많은 협상의 여지를 남겨준다.

어휘 **increment** 증가량 **convincing** 설득력 있는, 납득 가게 하는 **room** 여지

C "지치게 만들기" 기법

Arrange to conduct the bargaining over a number of smaller sessions rather than one or two drawn-out meetings. The game plan is to get one small concession at every meeting (Ilich, 1996: 79).

해석 한 두 번의 길게 끄는 미팅보다는 여러 번 짧은 세션을 진행하도록 주선하라. 이 게임의 계획은 매 미팅 때마다 한 번에 한 가지씩 양보를 얻어내는 것이다.

어휘 **drawn-out** 길게 끄는

When you use the "Exhausting" technique, there's always the risk that your opponent will threaten to break off the bargaining out of sheer frustration. For that reason, this technique works best when you're bargaining about something that your opponent can't afford to walk way (Ilich, 1996: 80).

해석 "지치게 만들기" 기법의 사용에는 상대방이 정말로 좌절감을 느껴서 흥정을 깨겠다고 위협을 할지도 모르는 위험이 있다. 그런 이유로, 이 기법이 가장 잘 먹히는 경우는 상대방이 협상 장소를 그냥 걸어나갈 수 없는 사안에 대해 흥정할 때이다.

어휘 **out of sheer frustration** 정말로 좌절감을 느껴서

D "기어 변속" 기법

Gear shifting means changing from one issue to another the way a truck driver shifts gears when driving up a steep hill. When you use this technique, your opponent never knows when you are about to shift to other issues. This keeps your opponent off-balance and swings the advantage to you (Ilich, 1996: 80).

해석 "기어 변속"이란 트럭 운전기사가 가파른 언덕을 올라갈 때 기어를 바꾸듯, 한 이슈에서 다른 이슈로 바꾸는 것을 의미한다. 이 기법을 사용할 때 상대방은 언제 여러분이 다른 이슈로 전환하려 하는 지 절대로 알 수 없다. 이렇게 되면 상대방은 계속 균형을 잃게 되고, 유리한 고지는 여러분 쪽으로 넘어오게 된다.

어휘 **gear shifting** 기어 변속 **shift** 바꾸다 **steep** 가파른 **are about to** 막 ~하려 하다 **off-balance** 균형을 잃은 **swing** (팔을 휘둘러) 치다

For example, start with the amount of products you need, but don,'t agree to a financial agreement. Then shift to the delivery date issue. Leaving that issue unsolved, you finally turn to the payment terms and again, confuse the issue without settling anything. Soon, your opponent will be disoriented and receptive to any reasonable offer. You then tailor your proposals to each issue to what you want (Ilich, 1996: 80).

해석 예를 들어, 필요한 제품의 양에 관한 문제로 협상을 시작하되, 금액에 관한 합의에는 동의하지 말라. 그 다음에는 배송날짜 문제로 돌려라. 그 문제를 미결상태로 둔 채, 마지막으로 지불조건 문제로 다시 돌아가라. 그리고는 그 이슈에 대해 그 어느 것도 해결된 것 없이 혼란스럽게 하라. 곧 상대방은 방향을 잃게 되어, 어떤 합리적인 제안에 대해서도 수용적이 될 것이다. 그러고 나면 여러분은 여러분의 제안 안을 원하는 대로 각 이슈별로 용도에 맞게 재단하듯 손질할 수 있게 된다.

어휘 **amount** 분량 **leave unsolved** 미해결 상태로 두다 **disoriented** 혼란에 빠진, 방향 감각을 잃은 **tailor** (용도 · 목적에) 맞추다

E "도관" 기법

A conduit is a channel for conveying something. When you can't persuade the "yes" person, you focus your efforts on persuading his colleagues and using them to help you persuade the "yes" person. They become your bargaining allies (Ilich, 1996: 80).

해석 도관은 무엇인가를 전달하는 채널이다. "예"라고 말할 최종결정자를 설득할 수 없을 때, 여러분은 그의 동료를 설득하여, 그들이 최종결정자를 대신 설득해 주도록 여러분의 노력을 집중하라. 그들은 여러분의 흥정 동지가 된다.

어휘 **convey** 전달하다 **persuade** 설득하다 **colleague** 동료 **ally** 동지, 동맹자

One reason the "Conduit" technique is so effective is that it takes advantage of a powerful bargaining weapon - repetition. When you face the "yes" person's colleagues, you repeat your arguments, but not word for word. You take a fresh approach, pointing out other benefits and possibilities of your proposal (Ilich, 1996: 81).

해석 "도관"기법이 그렇게 효과적인 이유는 반복이라는 강력한 흥정도구를 이용하기 때문이다. 여러분이 최종결정자의 동료를 대면했을 때 여러분의 논지를 반복하라. 그러나 한 마디 한 마디 문자 그대로는 아니다. 새롭게 접근하여, 여러분 제안의 다른 이점과 가능성을 집어서 말하라.

어휘 **takes advantage of** 이용하다 **weapon** 무기 **repetition** 반복
word for word 한 마디 한 마디, 문자 그대로

Another reason the "Conduit" technique is so powerful is that the "yes" person isn't influenced directly by you. She is influenced by her trusted colleagues, who have bought into your proposal. She is more likely to listen to them than to you (Ilich, 1996: 81).

해석 "도관" 기법이 막강한 또 다른 이유는, 최고 결정자는 여러분으로부터 영향을 직접 받지 않는다는 점이다. 그는 여러분의 제안 안을 받아들인 자기 동료의 의견에 더 영향을 받는다. 그는 여러분보다 그들의 말에 더 경청할 가능성이 많다.

어휘 **influenced** 영향을 받은 **trusted** 신임 받는 **buy into** ~을 받아들이다, ~에 찬성하다

F "토크 쇼 호스트" 기법

The "Talk-show host" technique is a way to approach delicate or touchy matters without offending your opponent. Talk-show hosts use this technique all the time when they want to get some scandalous personal information from a guest. They'll say: "I don't want to get too personal, but..." or "I don't mean to pry, but..."(Ilich, 1996: 81).

해석 "토크 쇼 호스트" 기법은 상대방의 기분을 상하지 않으면서도 미묘하거나 다루기 어려운 문제들을 접근해 가는 방법이다. 토크 쇼 호스트는 출연한 게스트로부터 어느 정도 수치스러운 개인정보를 얻고자 할 때 항상 이 기법을 사용한다. 쇼 호스트는 "너무 개인적인 것을 알고자 하는 건 아니지만…" 혹은 "꼬치꼬치 캐내려는 의도는 아니지만…" 이라고 말 할 것이다.

어휘 **delicate** 미묘한 **touchy** 문제 등이 다루기 어려운 **scandalous** 수치스러운, 창피한 **pry** 파고들다, 꼬치꼬치 캐다

G "자기 비하" 기법

Self-deprecating statements break down the barriers between you and your opponent. They make your opponent "like" you. They persuade your opponent without your opponent knowing it. When you present a proposal to your opponent and think you might meet with some resistance, try a little self-deprecation (Ilich, 1996: 82).

해석 자기를 낮추는 발언은 여러분과 여러분의 상대방 간의 장벽을 허물게 한다. 그런 말은 상대방이 여러분을 "좋아하게" 만들어 주어, 상대방도 모르게 상대방을 설득해 주는 것이다. 여러분이 제안 안을 상대방에게 제시했을 때 어느 정도 저항이 있겠다는 생각이 들면 약간 자신을 낮추어 보라.

어휘 **self-deprecating** 자기를 비하[폄하]하는 **barrier** 장벽 **present** 제시하다 **resistance** 저항

H "부끄러운 일이군요" 기법

When you are negotiating more than one issue, and a few issues have already been settled, you have an opportunity to use the "It's a Shame" technique. This technique promotes successful negotiation by using easy, hard-to-disagree-with language. Avoid language that paints you into a corner, such as "I never", "I won't", or "I can't". If you make such a dramatic statement and later have to take it back, you will look weak in the eyes of your opponent (Ilich, 1996: 82).

해석 한 가지 이상의 이슈를 놓고 협상할 때, 그리고 그 중 몇 가지는 이미 해결을 보았을 때, 여러분은 이 "부끄러운 일이군요" 기법을 쓸 기회가 온 것이다. 이 기법은 쉽고도 동의할 수 밖에 없는 언어를 씀으로서 성공적인 협상을 촉진시켜 준다. "저는 절대로 ~ 않겠어요. 그렇게 할 수 없어요."와 같은 말로 스스로를 코너로 몰아가지 말라. 만약 그 같은 극적인 거절 발언을 한 뒤 나중에 이를 철회하게 된다면, 상대방의 눈에는 여러분이 약한 사람으로 비춰질 것이다.

어휘 **promote** 촉진하다 **paint into** 유인하다 **take back** 취소[철회]하다

By using key phrases such as "It's too bad that..." or "It's unfortunate that..." or "We've come this far, let's try to..." you use the already-agreed-upon issues as a basis for motivating your opponent to continue bargaining on the unresolved issues (Ilich, 1996: 82).

해석 "참 안 됐군요." "불행한 일입니다만…" 혹은 "우리가 여기까지 왔는데 이렇게 해 봅시다" 등의 중요 구절을 사용함으로써, 여러분은 이미 합의한 이슈들을 기저로 하여 상대방으로 하여금 미결 이슈들을 계속 흥정해 나가도록 동기 부여 해 주는 것이다.

어휘 phrase 구 already-agreed-upon 이미 합의한 unresolved 미해결의

이제 보다 구체적인 이 기법의 예를 보자.

(예) "부끄러운 일이군요" 기법

"Look, we've taken care of so much. It's a shame to make that much progress without settling the remaining two issues. Let's give it a shot."

출처: Ilich (1996: 82)

해석 이거 보십시오, 우린 상당 부분 다루어 왔지 않습니까. 나머지 두 문제를 해결 못하고 진척을 이루지 못하다니, 부끄러운 일입니다. 한 번 그렇게 해 봅시다.

어휘 progress 진전 settle 해결하다 remaining 남아있는 give it a shot 한번 시도해 보다

CHAPTER

3 마무리: 거래 종결짓기

1 제안 및 맞제안 하기

✓ Always wait for your opponent to make the first offer.
✓ Use counter-offers to keep the negotiation alive and to indicate your serious interest in the negotiation.
✓ Get any offers or counter-offers in writing.
✓ Don't use high-balling or low-balling strategies. They risk your credibility and make your opponent suspicious.
✓ A counter-offer that alters an offer or counter-offer in any way is a rejection of the entire offer or counter-offer.
✓ Always explain your reasons for proposing or rejecting an offer or counter-offer.
✓ Never make the first large bargaining concession.

출처: Ilich (1996: 169)

해석
✓ 항상 상대방이 먼저 제안을 내도록 기다려라.
✓ 협상을 계속 살리기 위해, 그리고 여러분이 협상에 진지한 관심이 있음을 나타내기 위해 맞제안을 하라.
✓ 어떤 제안이나 맞제안은 문서로 하라.
✓ 고의로 너무 높거나 혹은 너무 낮은 가격 제시 전략은 사용하지 말라. 여러분의 신뢰성이 위험해지고 상대방의 의심을 사게 된다.
✓ 어떤 식으로든 제안이나 맞제안을 바꾸는 새로운 맞제안은 그 제안이나 맞제안을 총체로 거부한 것이다.
✓ 항상 제안/맞제안을 제시하거나 거절하는 이유를 설명해 주라.
✓ 첫 양보는 절대로 크게 하지 말라.

어휘 indicate 은연중 나타내다 in writing 문서로 high-balling (low-balling) 고의로[엉터리로] 비싼(싼) 견적 가격을 제시하기 suspicious 수상쩍게 여기는 alter 바꾸다 rejection 거절 entire 전체의

A 상대방이 먼저 첫 수를 두게 하라

The less you know about the other side or the proposition that you're negotiating, the more important the principle of not going first becomes. You're usually better off if you can get the other side to commit to a position first. Several reasons are obvious:

(1) Their first offer may be much better than you expected.

(2) It gives you information about them before you have to tell them anything.

(3) It enables you to bracket their proposal. If they state a price first, you can bracket them, so if you end up splitting the difference, you'll get what you want (Dawson, 1999: 125).

해석 여러분이 협상 상대방이나 그의 제안 내용에 대해 잘 모르면 모를수록 첫 수를 먼저 두지 않는다는 법칙은 더 중요해진다. 보통 상대방으로 하여금 먼저 입장을 밝히게 하는 것이 더 낫다. 그 이유들은 명백하다.

(1) 상대방의 첫 제안이 여러분의 기대보다도 훨씬 더 좋을 수 있다.

(2) 상대방의 첫 제안은 여러분이 발언하기 전에 상대방에 관해 정보를 준다.

(3) 상대방의 첫 제안으로 여러분은 상대방 제안에 대한 대응 범위를 가늠할 수 있다. 상대 방이 가격을 먼저 부르면, 여러분은 그 대응범위를 가늠할 수 있게 되고, 그래서 만약 그 차이를 반으로 쪼개게 된다면 여러분은 여러분이 원하는 것을 얻게 될 것이다.

어휘 The less ~, the more ~ ~를 덜 할수록 더 ~하다 better off 더 낫다 obvious 명백한 enable 가능케 하다 bracket 범위를 정하다

그러나 흥정 범위가 너무 클 때 상대방에게 가격을 단도직입적으로 묻는 것은 잘못된 생각이다. 여러분이 원하는 목표 달성이 어렵기 때문이다. 이제 정당한 가격이 10,000불인 모터보트를 단 5,000불에 훔치다시피 하고 싶은 구매자의 경우를 보자.

(예) 모터보트 거래

Buyer: (x) How much do you want for your boat?

Seller: That boat is in brand new condition. I haven't even taken the cover off it in 5 years. I wouldn't take a penny less than $15,000.

출처: Dawson (1999: 125)

해석 구매자: (X) 이 배 얼마를 원하세요?

판매자: 그 배 상태가 아주 새것입니다. 5년 동안 커버도 벗기지 않았어요. 15,000불 밑으 로는 한 푼도 안 됩니다.

어휘 **brand new** 아주 새것인 **less than** 미만

다음은 여러분이 먼저 제안을 하지 않고도 상대방의 첫 제안을 수정할 수 있는 접근방법들이다. 모터보트 거래의 예를 통해 알아보자.

(예) 개시 제안 수정 방법–① Plead poor. (돈이 없다고 호소하라)

"I don't think I can afford to buy your boat from you, but I did notice that you never use it, and I thought you might just want to sell it to me at a give-away price."

출처: Dawson (1999: 125)

해석 지금은 배를 살 여력이 안 될 듯 합니다. 그러나 한 번도 쓰지 않았다는 것을 알아봤어요. 그냥 그저 주신다는 값으로도 팔고자 하실 것도 같은데요.

어휘 **afford** 지불할 수 있다 **notice** 주목하다 **give-away** 공짜로 주기

(예) 개시 제안 수정 방법–② Apply the pressure of Higher Authority. (윗분의 압력을 적용하라)

"My wife is going to kill me for even asking you this, but ..."

출처: Dawson (1999: 125)

해석 제 아내는 이 물건 가격을 물어본 것만으로도 아마 저를 죽이려 할 겁니다.

(예) 개시 제안 수정 방법-③ Use the power of competition. (경쟁심을 사용하라)

"I've been looking at a boat similar to yours that seems like a real bargain, but before I go ahead, I thought I'd see what you would want for yours."

출처: Dawson (1999: 126)

해석 선생님 것과 비슷한 보트를 봤는데, 값이 정말 좋았어요. 하지만 그것으로 하기 전에 선생님 보트는 얼마 하는지 알아보려고 해요.

다음 예는 영국의 비틀즈 매니저가 영화감독으로부터 제작 제의가 들어왔을 때 먼저 제안을 냄으로써 수 백 만 달러를 잃은 실화이다. 매니저는 (X)표한 방식이 아니라 (O)표한 방식으로 대응했어야 한다.

(예) 비틀즈 매니저와 영화감독

Director: We offer you $25,000 up front. What percentage of the profits do you think would be fair?

Manager: (X) The Beatles would have to get 7.5% of the profits or they wouldn't do it.

(O) I don't think the Beatles would be interested in taking the time to make a movie, but if you'll give me your very best offer, I'll take it to them and see what I can do for you with them.

출처: Dawson (1999: 127)

해석 감독: 선불로 2만 5천 불 드리죠. 몇 퍼센트 이윤이 공평하다고 보십니까?

매니저: (X) 비틀즈는 이윤의 7.5%는 받아야 해요. 그렇지 않으면 이 일 안할 겁니다.

(O) 제 생각에 비틀즈는 시간 들여가며 영화 찍는 것에는 별 관심이 없을 겁니다. 하지만 생각하고 계신 최고의 제안 안을 주시면, 제가 그걸 가져가서, 감독님을 위해 그들과 제가 할 수 있는 일이 무엇인지 알아보겠습니다.

어휘 **up front** 선행 투자의, 선불의 **profit** 이윤 **fair** 공정한

Apart from price, you're always better off to have the other person bring a proposal to you than you are to take one to them. Some crafty negotiators go to incredible length to make it look as though the other side approached them when the reverse was true (Dawson, 1999: 127).

해석 가격과는 별도로, 여러분이 제안 안을 상대방에게 가져가는 것 보다는 상대방이 여러분 앞으로 제안 안을 가져오게 하는 것이 항상 더 낫다. 일부 꾀 많은 협상가는 엄청나게 긴 시간을 들여, 사실은 자기가 먼저 접근했는데도 마치 상대방이 자기에게 접근한 것처럼 만든다.

어휘 **Apart from** ~와는 별개로 **better off** ~하는 게 더 나은 **are to** ~할 예정이다
crafty 교활한, 꾀가 많은 **incredible** 놀라운, (믿기 어려울 만큼) 대단한, 굉장한
as though 마치 ~인 것처럼 **reverse** 역의, 반대의

B 세 가지 개시 수

여기에 우리가 취할 수 있는 방법이 3가지 있는데, 그 중 어느 것이 최선책이고 그 이유는 무엇인지 알아보자.

1 아주 잘못 둔 첫 개시 수

Buyer: How much do you want for the property?

You: $150,000.

With one utterance, you've committed yourself to the maximum price, which any smart buyer will begin to chip away. You've put yourself in a defensive bargaining position (Ilich, 1996: 163).

해석 구매자: 이 부동산 얼마죠?
여러분: 15만 불인데요.

이 한 마디로 여러분은 최댓값을 불러 꼼짝 못하게 되었고, 명석한 협상가라면 누구나 이 가격에서 조금씩 깎아내려가기 시작할 것이다. 여러분은 자신을 방어적인 입장에 놓이게 해버린 것이다.

어휘 utterance 발화, 발언 commit 언질을 주다, 약속하다, 꼼짝 못할 입장이 되다 chip away 조금씩 깎아내다

2 조금 나쁘게 둔 첫 개시 수

Buyer: How much do you want for the property?

You: I haven't made up my mind yet. How much are you willing to pay?

Now you've put the burden on the buyer, which is good because she may come with a higher price than you intended. But your reply is too general and it's unlikely she will take the bait and open up with a dollar figure. She will probably fish around for details, then ask you again to name your figure (Ilich, 1996: 163).

해석 구매자: 이 부동산 얼마 합니까?

여러분: 난 아직 결심이 안 섰는데요, 얼마나 내시겠어요?

이제 여러분은 상대방에게 부담을 준 것이다. 이는 만약 상대방이 여러분의 의도 이상으로 높은 가격을 부를지도 모르는 일이므로 잘 된 일이다. 그러나 여러분의 대답이 너무 일반적이라서, 상대방이 이런 미끼에 걸려들어 달러 수치로 말문을 열 것 같지는 않다. 구매자는 세부사항을 알려고 이리저리 낚시질을 할 것이고, 그러고 나서는 다시 여러분에게 수치로 말해달라고 요구할 것이다.

어휘 make up one's mind 결심하다 burden 부담 intend 의도하다 unlikely ~하지 않을 것 같은 bait 미끼 figure 수치 fish 낚다 name 말하다

3 잘 둔 첫 개시 수

Buyer: How much do you want for the property?

You: Please, make me an offer.

Now you're cooking. You've put the burden entirely on the buyer. If she tries to wiggle out, tactfully repeat your position: "Please, make me an offer". In most cases, if the buyer is really interested, you'll get one. If it's not what you want to hear, you can start bargaining up from there (Ilich, 1996: 163).

해석 구매자: 이 부동산 얼마 합니까?

여러분: 제안을 해 보시죠.

이제 여러분은 일을 꾸며가고 있다. 구매자에게 전적인 부담을 안겨준 것이다. 상대방이 빠져나가려고 한다면 약삭빠르게 한 번 더 "제안을 해 보시죠."라고 여러분의 입장을 말하라. 대부분의 경우, 구매자가 정말 관심 있다면 여러분은 그 답을 받아낼 것이다. 만약 상대방 답이 여러분이 듣고자 하는 것이 아니라면, 여러분은 거기서부터 흥정을 시작할 수 있다.

어휘 **make an offer** 제안하다 **cook** 이야기 등을 지어내다, 꾸미다, 조작하다 **entirely** 완전히 **wiggle out** 몸부림쳐 도망가다 **tactfully** 재치 있게, 빈틈없이, 약삭빠르게

C 맞제안 사용

다음은 맞제안의 기능에 대한 설명이다.

- They keep the bargaining alive and breathing when you seriously want to do the deal.
- They demonstrate how serious you are about the bargaining and how you are trying to reach a mutually favorable agreement.
- They place your terms and conditions under a magnifying glass: Your opponent may not have the thought of some of your suggestions or compromises.

출처: Ilich (1996: 164)

해석
- 맞제안은 여러분이 정말 거래를 원할 때 흥정을 살아 숨 쉬게 해준다.
- 맞제안은 여러분이 이 흥정에 얼마나 관심이 있고 상호 유리한 합의에 이르려고 애쓰고 있는지를 보여준다.
- 맞제안은 여러분의 지불조항과 조건을 확대경 밑에 놓는 것과 같다. 여러분의 제안사항이나 타협점 중 어떤 것은 상대방도 미처 생각하지 못했었을 것인지도 모른다.

어휘 **mutually** 상호간에 **favorable** 이로운 **terms** (지불 · 요금 등의) 조건, 조항, 요구액, 가격 **magnifying glass** 확대경

D 제안/맞제안을 하거나 상대방의 제안/맞제안을 들을 때 지침들

다음은 제안/맞제안을 하거나 상대방의 제안/맞제안을 들을 때 유의사항들을 열거한 것이다.

(예) 유의사항 1

(1) Never appear too anxious.

(2) Be prepared for any reaction from your opponent.

(3) Always get offers and counter-offers in writing.

(4) Be specific when you state your offers and counter-offers.
  (X) I'm thinking somewhere in the area of $3,000.
  (O) I'll give you $3,000.

출처: Ilich (1996: 164)

해석 (1) 너무 안달하는 모습을 보이지 말라.
(2) 상대방으로부터 나올 모든 반응에 대비하라.
(3) 모든 제안/맞제안은 문서화해라.
(4) 여러분의 제안/맞제안은 구체적으로 하라.
  (X) 3천불 정도 안팎으로 생각하는데요.
  (O) 3천불 드리죠.

어휘 anxious 걱정하는, 안달하는 in writing 문서로 specific 구체적인

(예) 유의사항 2

(5) Explain the reasons for your offers and counter-offers.

(6) Be gentle when you reject an offer or counter-offer.

(7) Don't get angry if your offer or counter-offer is rejected. Ask him why he's rejecting your offer.

(8) Making outrageously highball offers (naming a figure or term that is much too high for the negotiation) or lowball offers (naming a figure or term that is much too low for the negotiation) is a foolish bargaining strategy.

출처: Ilich (1996: 165)

해석 (5) 여러분의 제안/맞제안에 대한 이유를 설명하라.
(6) 제안/맞제안을 거절할 때 상냥하게 하라.
(7) 여러분의 제안/맞제안이 거부되었을 때 화를 내지 말고, 그 거절 이유를 상대방에게 물으라.
(8) 엄청나게 (협상을 하기엔 너무 높은 수치나 지불조건을 부르는) 하이볼 가격 제안 혹은 (협상을 하기엔 너무 낮은 수치나 지불조건을 부르는) 로우볼 가격 제안은 어리석은 흥정 전략이다.

어휘 **reject** 거절하다 **outrageously** 엄청나게, 지나치게 **name** 말하다 **highball/lowball** 협상을 하기엔 너무 높은 수치나 지불조건을 부르는/협상을 하기엔 너무 낮은 수치나 지불조건을 부르는

(예) 유의사항 3

(9) If you like your opponent's offer or counter-offer, try not to appear too pleased.

(10) Any alteration of an offer or counter-offer, no matter how trivial, is a rejection of the entire offer or counter-offer. So think carefully about any alterations you suggest, especially if you are close to sealing the deal.

(11) Just as you shouldn't make the first offer, you shouldn't make the first large concession.

출처: Ilich (1996: 168)

해석 (9) 만약 상대방의 제안/맞제안이 마음에 들어도 이를 너무 좋아하고 있다는 것을 보이지 않도록 노력하라.
(10) 제안/맞제안의 어떠한 변경도, 비록 그것이 아무리 사소한 것일지라도, 제안/맞제안 전부를 거부하는 것이다. 그러므로 어떤 변경을 제안할 때에는 조심해야 하며, 그것도 거래를 거의 마무리하는 단계라면 특히 신중히 생각하라.
(11) 여러분이 먼저 첫 제안을 하면 안 되듯이, 커다란 첫 양보도 여러분이 먼저 해서는 안 된다.

어휘 **pleased** 기분이 좋은 **alteration** 변경 **trivial** 사소한 **concession** 양보

2 협상 종결하기

✓ Close the bargaining when you sense from your gut instinct and your opponent's body language that your opponent is ready to say "yes".
✓ Make sure you have all the necessary paperwork, correctly prepared, ready for the closing.
✓ Don't bully or plead with your opponent to close.
✓ Use closing techniques to prompt your opponent to act.
✓ Once you and your opponent have agreed on a deal, don't continue to discuss the deal. You risk reopening the bargaining if you do.
✓ End the negotiation with congratulating the other side.

출처: Ilich (1996: 176)

해석
✓ 여러분이 직감적 본능과 상대방의 몸짓언어로 판단했을 때 상대방이 "예"라고 답할 준비가 되었음을 감지하게 되면 흥정을 종결지으라.
✓ 제대로 준비된 모든 필요한 서류를 갖추고 있는지, 그리고 마무리할 준비가 되었는지 확인하라.
✓ 마무리하자고 상대방을 윽박지르거나 애원하지 말라.
✓ 마무리 기법을 사용하여 상대방으로 하여금 즉각적인 행동을 보이도록 부추기라.
✓ 거래에 대해 일단 서로 합의를 했으면, 그 건을 더 논의하지 말라. 그렇게 하면 흥정을 다시 시작하게 되는 위험이 있다.
✓ 상대방을 축하해 주면서 협상을 종결하라.

어휘 **sense** 감지하다 **gut** 직감, 본능, 감정 **instinct** 본능 **bully** 윽박지르다, 밀어붙이다 **plead** 애원하다 **prompt** 촉구하다, 부추기다 **risk** 모험하다 **congratulate** 축하하다

A 협상 종료 시간

No two negotiations are alike, so it's impossible to predict the perfect time for closing that will work in every negotiation. If you're sure that your opponent will say "yes", you might say, "Okay, it's a deal". If you're unsure if the time is right, continue the bargaining (Ilich, 1996: 172).

해석 어떤 협상도 같은 것이 없다. 그러므로 모든 협상마다 제대로 효과를 발휘할 완벽한 협상 종료시간을 예측한다는 것은 불가능하다. 상대방이 "예"라고 말할 것을 확신한다면, "좋습니다. 거래 성사됐습니다."라고 말해도 된다. 제대로된 타이밍인지에 확신이 없으면 흥정을 계속하라.

어휘 **alike** 똑같은 **work** 작용하다 **unsure** 불확실한

When you see one or more of the following signs, hold off the closing until you get your opponent in a more receptive mood:

- Folding arms tightly against the chest;
- Turning his body slightly sideways, even while facing and looking at you;
- Looking away, even though his body is facing you;
- Crossing his legs and leaning back away from you (Ilich, 1996: 172).

해석 다음 중 한 두 가지 신호를 보게 되면, 상대방이 더 수용적 기분이 들 때까지 종결을 보류하라

- 가슴에 꽉 대고 팔짱끼기
- 여러분과 얼굴을 마주하고 쳐다보면서도 몸을 살짝 비스듬히 돌리기
- 몸은 여러분과 마주한 자세인데도 눈길을 다른데 주기
- 다리를 꼬고 여러분과는 떨어져 뒤로 몸을 기대기

어휘 **hold off** 미루다, 연기하다 **Folding arms** 팔짱끼기 **chest** 가슴 **sideways** 옆쪽으로, 비스듬히 **face** 얼굴을 마주하다 **crossing one's legs** 다리 꼬기 **lean** 몸을 기대다

B 효율적인 마무리 기법

Use the following techniques when the issues have been thoroughly discussed and you sense your opponent is ready to say "yes" to the deal. These techniques will get your opponent off the fence and ready to agree to a deal (Ilich, 1996: 175).

해석 이슈를 철저히 논의했고 거래에 대해 상대방이 "예"라고 응할 준비가 되었음을 감지된다면, 다음 기법들을 사용해 보라. 이 기법들은 상대방으로 하여금 어느 입장을 취할지 태도를 정하게 만들어, 그 거래에 동의할 준비가 되도록 해준다.

어휘 **thoroughly** 철저하게 **off the fence** 중립적 태도를 버리다, 어느 편에 들지 태도를 정하다

1 행동 촉발 기법

You can encourage and motivate your opponent to say "yes" by asking her to take some simple form of action as follows, which signifies that you have a deal: "Please sign here." or "Does this mean we have a deal?" (Ilich, 1996: 175).

해석 여러분은 상대방에게 거래가 성사되었음을 나타내는 다음과 같은 간단한 행동을 취하도록 요구함으로서 상대방이 "예"라고 말하도록 북돋아주고 동기를 부여해 줄 수 있다: "여기 서명하시죠." 혹은 "이건 우리 거래가 성사되었다는 의미인가요?"

어휘 **signify** 의미하다, (몸짓 · 언어 · 동작 등으로) 나타내다 **as follows** 다음과 같이

2 가정 기법

Here you assume your opponent will say "yes", so you prompt the closing action as follows:

"I'll call the bank and ask them to go ahead with the loan." or "I'll call the company and ask them to check out the tittle to the property." (Ilich, 1996: 175).

해석 여기서 여러분은 상대방이 "예"라고 답할 것을 가정하고, 다음과 같은 종료 행위를 촉발 시킨다: "제

가 은행에 전화 걸어 그 융자 건을 처리하도록 요구하겠습니다." 혹은 "제가 회사에 전화 걸어 그 부동산에 대해 일점일획도 틀림이 없는지 조회해 달라고 하겠습니다."

어휘 **prompt** 촉구하다, 부추기다 **check out** ~을 확인하다, 조회하다 **tittle** 일점, 일획

3 요약 기법

What you do is briefly summarize your understanding of the deal to prompt your opponent to say "yes" to it in its entirety. Phrase your summation in positive sentences rather than questions as follows:

"So we're looking at a rush order of 5,000 widgets with the company logo engraved on the handle. They'll be delivered to the Chicago office on the 28th, and the price is 50 cents per widget." (Ilich, 1996: 175).

해석 여러분이 할 일은 상대방이 완전히 "예"라고 말하도록 부추기기위해 그 거래에 대해 여러분이 이해하고 있는 바를 간략하게 요약하는 것이다. 여러분의 제안 개요를 질문 형태 보다는 다음과 같이 긍정문의 문구로 작성하라:

"그래서 우리는 손잡이 부분에 회사 로고를 새겨 넣은 제품들을 5천 개 급하게 주문할까 하는데요. 28일에 시키고 사무실로 배송해 주셔야 해요. 가격은 한 개당 50센트입니다."

어휘 **in its entirety** 온전히 그대로, 완전히 **summation** 요약, 개설 **rush order** 급한 주문 **widget** 이런 저런 제품 **engraved** 새겨 넣은

C 항상 상대방을 축하해주라

When you're through negotiating, you should always congratulate the other side, however poorly you think the other person may have done in the negotiations, by saying as follows:

"Wow, you did a fantastic job negotiating that. I realize that I didn't get as good a deal as I could have done, but frankly, it was worth it because I learned so much about negotiating. You were brilliant." (Dawson, 1999: 143).

해석 여러분 생각에 상대방이 아무리 협상을 잘 하지 못했다고 하더라도, 협상을 끝냈을 때에는 항상 다음과 같이 말하면서 상대방을 축하해 주어야 한다.
"와, 그 협상 정말 멋지게 잘 하셨습니다. 저는 생각만큼 거래를 잘 한 것 같지 않은 걸로 알고 있습니다만, 솔직히 말씀드려서 그만한 가치는 있었다고 봅니다. 협상에 대해 많이 배울 수 있었으니까요. 정말 명석하셨습니다."

어휘 **be through** 끝내다 **congratulate** 축하하다

3 서신왕래를 효율적으로 활용하기

- ✓ The printed word has great power over people. Most people believe what they see in writing.
- ✓ Correspondence helps you control the bargaining process.
- ✓ Use correspondence to clarify your position and create a paper trail of promises and accountability.
- ✓ Your correspondence should be neat, error-free, and timely.
- ✓ Don't let the other side write the contract because it puts you at a disadvantage. This applies to brief counter-proposals.

출처: Ilich (1996: 77)

해석 ✓ 인쇄된 단어는 사람들에게 엄청난 힘을 갖는다. 대부분 사람들은 문서로 된 것을 보면 이를 믿는다.

✓ 서신왕래는 여러분이 흥정과정을 통제할 수 있도록 도와준다.

✓ 서신왕래를 이용하여 여러분의 입장을 명백히 하고, 약속 사항과 책임사항에 대한 문서 추적을 만들어 두라.

✓ 여러분이 작성한 서신은 깔끔하고, 오류가 없으며 시기적절해야 한다.

✓ 계약서를 상대방이 작성하게 두면 안 된다. 그렇게 하면 여러분의 입장이 불리해진다. 이 점은 간략한 맞제안서 경우에도 적용된다.

어휘 **correspondence** 편지로 하는 통신, 서신 왕래 **clarify** 명백히 하다 **trail** 흔적, 실마리, 단서 **accountability** 책임이 있음 **error-free** 오류 없는 **timely** 시기적절한 **disadvantage** 불리함 **apply to** ~에 적용되다

A 사람들은 문서로 작성된 것을 보고 믿는다

The printed word has great power over people. Most people believe what they see in writing even if they won't believe it when they just hear about it. Because people don't question what they see in writing, you should always present written backup evidence to support your proposal (Dawson, 1999: 138-139).

해석 인쇄된 단어는 사람들에게 엄청난 힘을 갖는다. 대부분 사람들은 그 내용을 들었을 때에는 믿지도 않았다가도 문서로 된 것을 보면 이를 믿는다. 사람들은 글로 작성된 것을 보고서는 이에 대해 묻지 않기 때문에, 여러분은 제안내용을 받쳐 줄 백업 증거를 문서로 하여 제시해야 한다.

어휘 **backup** 대체의, 예비의 **evidence** 증거

이제 잠재적인 고객과 대화를 나누는 영업사원의 예를 보자.

(예) 잠재 고객을 대하는 영업사원

"We're having a price increase at the start of next month, so you should make a commitment now. Look at this letter I just got from my boss. It indicates that we're having a price increase on July 1st."

출처: Dawson (1999: 139)

해석 "저희가 다음 달부터 가격을 인상합니다. 그러니 지금 약속을 하셔야 됩니다. 제 상사에게서 방금 받은 이 편지를 봐주시기 바랍니다. 7월 1일부터 가격인상에 들어갈 것이라고 되어있네요."

어휘 price increase 가격 인상 indicate 나타내다

B 서신왕래의 활용

다음은 효과적인 제안서 작성 준비에 관한 유의사항들이다.

- Keep them brief and concise. The less you write, the less you are committed to.
- If you are in doubt about a particular term or proposal, leave it out! You can always raise the issue later.
- Arrange your ideas and positions so that each point flows logically from the previous one. This avoids confusion about what you've written.
- Put yourself in your opponent's shoes and read your letter. This will help clarify your writing (Ilich, 1996: 72).

해석
- 간단하고 간결하게 만들라. 덜 쓰면 덜 쓸수록 여러분은 그만큼 약속을 덜 하게 된다.
- 특정 조항이나 제안 안에 의심이 들면 이를 생략하라. 그 문제는 나중에라도 언제나 제기할 수 있다.
- 여러분의 아이디어와 입장을 요점별로 논리적으로 흘러가게 배열하라. 이렇게 하면 여러 분이 작성한 내용에 대한 혼란을 피할 수 있다.
- 상대방의 입장이 되어 여러분이 작성한 편지를 읽어 보라. 그렇게 하면 여러분이 작성한 글의 내용

을 명확히 하는데 도움이 될 것이다.

어휘 **concise** 간결한, 간명한 **leave out** ~을 빼다, 생략하다, 삭제하다 **raise** 제기하다 **previous** 이전의 **confusion** 혼란 **Put yourself in one's shoes** ~의 입장이 되어보다

The printed or written word lends credibility. People are much more likely to believe what they see and read than what they hear. Following up your discussions with a letter detailing the issues resolved is an excellent way to avoid misunderstanding (Ilich, 1996: 73).

해석 인쇄하거나 글로 작성된 단어는 신뢰를 더해준다. 사람들은 자기가 들은 것 보다 보고 읽은 것을 훨씬 더 믿으려는 경향이 있다. 토론 후에는 해결된 이슈를 상세히 기술한 편지로 후속처리를 하라. 이는 오해를 피하는 훌륭한 방법이다.

어휘 **lend** 제공하다, 주다, 보태다, 더하다 **detail** 상세히 기술하다

Not only do follow-up letters clarify issues, they also serve as official proof of promises made, terms agreed on, and actions taken. Sign and date all your correspondence, and keep a file of every letter you send out and receive. You never know when you will need it (Ilich, 1996: 73).

해석 후속처리로서의 편지는 이슈를 명료하게 해 줄 뿐 아니라, 하기로 한 약속, 합의한 조건, 취한 행동 등에 대한 공식적 증거물의 기능도 한다. 여러분의 모든 편지에 서명하고 날짜를 적어두라. 그리고 여러분이 보내고 받은 모든 편지를 파일로 정리해 두라. 언제 그것들이 필요할지 모르는 일이다.

어휘 **follow-up** 후속처리 **serve as** ~로서의 기능을 하다 **date** 날짜를 적다

C 문서를 보기 좋게 만들기: 효율적인 서신왕래의 질

How you present yourself in writing is as important as how you present yourself in person. If you want to be taken seriously on paper, you should follow a few basic rules:

- Be accurate, neat and prompt.
- Use a conservative design, with a classic typeface and generous margins.
- Use highlighting elements like bold, underline, or exclamation points sparingly.
- Avoid jokes, sarcasm, or irony in your letter (Ilich, 1996: 74).

해석 문서로 자신을 어떻게 나타내느냐라는 문제는 여러분이 자신을 직접 어떻게 보여주느냐라는 문제만큼 중요하다. 상대방이 서류상으로 여러분을 진지하게 받아주길 바란다면, 여러분은 다음의 몇 가지 기본 규칙을 따라야 한다.

- 정확하고, 깔끔하게 그리고 신속하게 작성하라.
- 고전적인 서체와 넉넉한 여백으로 보수적인 디자인을 하라.
- 주요한 부분들은 굵게 하거나 밑줄 긋기, 감탄사 표기 등으로 띄엄띄엄 표시하라.
- 농담, 빈정거림, 혹은 아이러니 등은 편지 쓸 때 피하라.

어휘 **in person** 본인이 직접 **be taken seriously** 진지하게 받아들여지다 **accurate** 정확한 **prompt** 신속한, 즉각적인 **conservative** 보수적인 **typeface** (활자) 서체 **margin** 가장자리 여백 **bold** 굵은 서체 **exclamation** 감탄 **sparingly** 띄엄띄엄 **sarcasm** 냉소

D 상대방이 계약서를 작성하는 일은 없어야 한다

In a typical negotiation, you verbally negotiate the details, then put it into writing later for both parties to review and approve. Then we have to get the other side approve or negotiate the points when we sit down to sign the written agreement - that's when the side that writes the contract has a tremendous advantage over the side that doesn't (Dawson, 1999: 130).

해석 전형적인 협상에서 여러분은 말로 세부사항을 의논하고, 나중에 이를 쌍방이 검토하고 승인하도록 문서화한다. 그러고 나서 자리 잡고 앉아 문서화된 합의서에 서명하려고 할 때 상대방으로 하여금 주요 사항들을 승인하거나 협상하게 만들어야 한다. 바로 그 때 계약서를 작성한 쪽이 그렇지 않은 쪽에 비해 엄청난 이점을 갖는다.

어휘 **verbally** 말로 **tremendous** 엄청난

Don't let the other side write the contract because it puts you at a disadvantage. This applies to brief counter-proposals. This may not just be a matter of taking advantage of the other side. Both sides may genuinely think that they had reached agreement on a point whereas their interpretations may be substantially different when they write it out (Dawson, 1999: 130).

해석 상대방이 계약서를 작성하게 두지 말라. 이는 여러분을 불리하게 만들기 때문이다. 이는 간단한 제안서/맞제안서 작성 경우에도 적용된다. 이는 단순히 상대방을 이용하겠다는 문제 때문만이 아니다. 쌍방이 순수하게 어떤 문제점에 대해 합의를 이루었다고 생각했어도, 막상 이를 글로 작성했을 때에는 그들 각자의 해석이 본질적으로 다를 수 있다.

어휘 **take advantage of** 이용하다 **genuinely** 진정으로, 성실하게, 순수하게 **whereas** 반면에 **interpretation** 해석 **substantially** 본질적으로

If you have been team negotiating, be sure to have all the other members of your team review the contract before you present it to the other side. You may have overlooked a point that you should have included or you may have misinterpreted a point (Dawson, 1999: 132).

해석 여러분이 팀을 이루어 협상한다면, 여러분이 상대방에게 계약서를 제시하기 전에 여러분 팀의 모든 다른 구성원들이 이를 검토했는지 확인하라. 여러분이 포함했어야 할 점을 간과했거나, 잘못 해석한 점이 있을 수도 있다.

어휘 **overlook** 간과하다 **should have** ~했었어야 했다 **include** 포함하다

CHAPTER

4 상대방 이해하기

1 협상 상대방의 유형

- ✓ Try to figure out as early as possible whether your opponent is an analytical, aesthetic, or intuitive type.
- ✓ Analytic types are most influenced by figures, statistics, and hard data.
- ✓ Aesthetic types are most influenced by things that look, feel, taste, smell, and sound good to them. Cultivate a lot of "eye appeal" when you negotiate with these types.
- ✓ Intuitive types often operate on gut feeling and instinct. Concentrate on developing a bond with them before you negotiate.
- ✓ If you are negotiating with a strong type, take her proposals seriously and provide a lot of documentation for your proposals.
- ✓ If you are negotiating with a fence-straddling type, press him to make a decision without consulting with others.
- ✓ If you are negotiating with a weak type, be patient and explain every detail of your proposal.

출처: Ilich(1996: 97)

해석

- ✓ 상대방이 분석적 유형인지, 심미적 추구를 하는 유형, 또는 직관적 유형인지를 가능한 빨리 알아내라.
- ✓ 분석적 유형은 수치, 통계 그리고 신빙성 있는 자료에 가장 영향을 받는다.
- ✓ 심미적 유형은 자기에게 보기 좋고, 느낌, 맛, 냄새, 소리 등이 좋은 것에 가장 영향을 받는다. 이런 유형의 상대방과 협상할 때에는 "시각적 어필"이 되도록 많이 연마하라.
- ✓ 직관적 유형은 종종 직감적 느낌과 본능에 따라 처신한다. 협상 전에 그들과의 유대를 발전시키는 데 집중하라.
- ✓ 강한 유형의 사람과 협상을 한다면, 그의 제안을 진지하게 받아들이고, 여러분의 제안에 대해서는

많은 관련 문건을 제공해주라.

✓ 만약 여러분이 양다리를 걸치며 정세를 관망하는 유형의 사람과 협상하게 된다면, 그가 다른 사람과 상담 없이 결정을 내리도록 압박을 가하라.

✓ 약한 유형의 사람과 협상을 한다면, 인내를 가지고 여러분의 제안에 대해 모든 세부사항 을 설명해주라.

어휘 **figure out** 발견하다, 알아내다 **analytical** 분석적인 **aesthetic** 심미적인 **intuitive** 직관적인 **figure** 수치 **hard data** 신빙성 있는 자료 **cultivate** 연마하다 **operate** 작용하다 **gut** 직감, 본능, 감정 **instinct** 본능 **bond** 결속력 **fence** 울타리, 담장 **straddle** 양다리를 걸쳐 거래하다 **fence-straddling** 형세를 관망하는

A 여러분이 행사할 수 있는 영향력은 무엇인가?

While it's impossible to pigeonhole all people into one of three neat categories, you can get a rough idea of what type of information your opponent values most highly. People can be categorized into 3 broad "types" - analytical, aesthetic, and intuitive - in terms of the ways they are most strongly influenced (Ilich, 1996: 88).

해석 모든 사람을 명료하게 3가지 범주로 분류 정리한다는 것은 불가능하지만, 어떤 유형의 정보를 상대방이 가장 중요하게 여기는 지에 대해서는 대략적이나마 알 수 있다. 자신이 가장 영향을 받는 방식이 무엇인가라는 측면에서 사람은 대략적으로 3개의 범주 유형, 즉 분석적, 심미적, 직관적 유형으로 나뉠 수 있다.

어휘 **pigeonhole** 분류 정리하다 **rough** 대략적인 **value** 귀하게 여기다 **in terms of** ~라는 측면에서

1 분석적 유형

This type of person is most profoundly influenced by all things financial, statistical, and factual. She likes to be fully prepared before she enters into any discussion or negotiation. She also wants "all the facts" before she makes a decision. An analytical type is capable of making decisions she may not agree with personally if the numbers bear it out (Ilich, 1996: 88).

해석 이런 유형의 사람은 모든 재정적, 통계적, 사실적인 것으로 가장 심오한 영향을 받는다. 그런 사람은 어떤 토론이나 협상에 들어가기 전에 완전히 준비 갖추기를 좋아한다. 또한 결정을 내리기 전에 "모든 사실들"을 원한다. 분석적 유형의 사람은 수치가 입증되면 본인 개인으로서는 동의하지 않는 사항도 결정을 내릴 수 있다.

어휘 profoundly 깊이, 심원하게 financial 재정적 statistical 통계적 factual 사실적
bear out ~을 증명하다, 입증하다

Here are some signs that you're bargaining with an analytical type:

- She immediately asks for hard facts, such as sales figures, price, profit potential, financing options, or fees.
- She is interested in the financial history of the product or service you are negotiating for.
- She asks to see documentations (sales figures, reports, receipts) of your assertions (Ilich, 1996: 88).

해석 여기에 여러분이 분석적 유형의 사람과 협상하고 있다는 신호가 몇 가지 있다.

- 분석적 유형의 사람은 판매 수치, 가격, 이윤 잠재성, 재정적 옵션, 수수료 등과 같은 신빙성 있는 사실들을 즉각적으로 요구한다.
- 분석적 유형의 사람은 여러분이 협상하고자 하는 제품이나 서비스의 재정관련 과거기록에 관심이 있다.
- 분석적 유형의 사람은 여러분이 주장하는 내용에 관한 문서들 (판매 수치, 보고서, 영수증)을 보여 달라고 요구한다.

어휘 **hard** 신빙성 있는 **profit potential** 이윤 잠재성 **receipt** 영수증 **assertion** 주장

Here are some hints to help you influence an analytical type:

- Be fully prepared with any information related to the financial or factual side of the deal.
- Downplay aesthetic or intuitive arguments. The analytical opponent wants the hard facts first.
- The more you can document on paper (such as sales graphs, receipts, or cost estimates), the more you will influence the analytical type (Ilich, 1996: 89).

해석 여러분이 분석적 유형의 사람에게 영향력을 발휘할 수 있는 힌트가 여기 있다.

- 거래의 재정 또는 사실 측면과 관련된 정보는 무엇이든 충분히 준비해두라.
- 심미적 또는 직관적인 논쟁은 경시하라. 분석적 유형의 상대방은 신빙성 있는 사실들을 제일 먼저 원한다.
- 서류상으로 (판매 그래프, 영수증, 또는 비용 추정액 등을) 더 많이 문서화하면 할수록 여러분은 분석적 유형의 사람에게 더 많은 영향력을 발휘할 수 있을 것이다.

어휘 **downplay** 경시하다 **argument** 논쟁 **document** 문서화 하다 **estimate** 추산

2 심미적 유형

The aesthetic type focuses on how things look and feel, and what kind of visceral impact they have. He may be openly dismissive or scornful of facts and figures in favor of more artistic considerations (Ilich, 1996: 89).

해석 심미적 유형의 사람은 모든 것이 어떻게 보이고 느낌이 어떤지, 그것들이 어떤 종류의 느낌을 마음속에 갖게 하는지 등에 초점을 맞춘다. 그런 사람은 예술적인 고려를 더 많이 지지하면서 사실이나 수치를 공개적으로 경멸하거나 업신여길 수 있다.

어휘 **visceral** 본능적인, 마음속에서 느끼는 **dismissive** 거부하는, 경멸적인
scornful 경멸하는, 조소적인, 업신여기는 **in favor of** ~에 찬성(지지)하여, ~의 이익이 되도록, ~을 위하여

Here are some signs that you're bargaining with an aesthetic type:

- He places great importance on the way things look.
- She is quick to point out sights (and even smells and sounds) that she likes or dislikes.
- Aesthetic types may also be more tactile than other types: they often like to touch objects (Ilich, 1996: 89).

해석 여기에 여러분이 심미적 유형의 사람과 협상하고 있다는 신호 몇 가지가 있다.

- 그는 모든 것이 어떻게 보이는가에 상당한 중요성을 부여한다.
- 그는 눈앞에 보이는 것 (냄새나 소리까지도) 중 자기가 좋아하고 싫어하는 것을 즉각 지적한다.
- 심미적 유형의 사람은 다른 유형의 사람보다 더 촉각에 민감하다. 물건들을 만져보기를 좋아한다.

어휘 **place importance on** ~에 중요성을 부여하다 **tactile** 촉각의, 촉각으로 알 수 있는

Here are some hints to help you influence an aesthetic type:

- Emphasize an appearance, condition, and quality of the product or service you are negotiating for. Make sure the product or service has spectacular "eye appeal."
- Beyond the obvious appearance of whatever you are negotiating for, emphasize subtle but important aesthetic concerns (Ilich, 1996: 89).

해석 여러분이 심미적 유형의 사람에게 영향력을 발휘할 수 있는 힌트가 여기 있다.

- 여러분이 협상하고자 하는 제품이나 서비스의 외양, 상태, 품질 등을 강조하라. 그 제품이나 서비스가 아주 멋지게 "눈에 어필"되는지 확인하라.
- 무엇에 대해 협상을 하던지 그 외양의 탁월성을 넘어서서, 미묘하면서도 중요한 미적 문제를 강조하라.

어휘 **Emphasize** 강조하다 **appearance** 외모 **spectacular** 장관의, 눈부신, 호화스러운 **subtle** 미묘한, 정교한 **concern** 관심사

❸ 직관적 유형

The intuitive type is influenced by one major consideration - how he "feels" about what you're bargaining about. Intuitive types tend to make decisions very quickly. Oftentimes, if pressed for an explanation, they can't even verbalize why they make the decisions. That's because they operate primarily on instinct (Ilich, 1996: 90).

해석 직관적 유형의 사람이 영향을 받는 한 가지 중요한 점은 여러분이 흥정을 하고 있는 대상에 대해 그가 어떻게 "느끼는"가 라는 문제이다. 직관적 유형의 사람은 결정을 매우 빨리 내리는 경향이 있다. 종종 설명해 달라는 압박을 받으면 그들은 왜 자기가 그런 결정을 내렸는지 말로 설명조차 할 수 없다. 그런 사람들은 일차적으로 본능에 따라 움직이기 때문이다.

어휘 **verbalize** 말로 표현하다 **instinct** 본능

Here are some signs that you're bargaining with an intuitive type:

- He gives you plenty of verbal and physical feedback to show what he thinks of your proposal. If he likes what he's seeing and hearing, he may nod frequently and say "Uh-huh" or "I see". If he doesn't like what you're saying, he may frown, shake his head, or express his displeasure in some other way.
- He may make quick, generalized snap judgements: "I don't like it. It doesn't feel right." Or: "I have a good feeling about this. I think it's going to work out." (Ilich, 1996: 90)

해석 여기에 여러분이 직관적 유형의 사람과 협상하고 있다는 신호 몇 가지가 있다.

- 그는 여러분의 제안에 대한 자기 생각을 보여주기 위해 말과 몸짓으로 많은 피드백을 보낸다. 자기가 보고 들은 것이 마음에 들면 그는 자주 고개를 끄덕이고 "으흠" 또는 "알겠어요."라고 말한다. 마음에 들지 않으면 얼굴을 찡그리고, 머리를 절래절래 흔들거나 다른 방식으로도 불쾌감을 표현한다.
- 그는 재빠르고 일반적인 판단을 성급히 내린다.: "마음에 안 드네요. 제대로 된 것 같지 않아요." 혹은 "이건 아주 마음에 들어요. 제대로 잘 될 것 같군요."

어휘 **plenty of** 많은 **nod** 고개를 끄덕이다 **frown** 얼굴을 찡그리다 **displeasure** 불쾌감
snap 성급히 결정하다(기)

Here are some hints to help you influence an intuitive type:

- Be especially careful to cultivate a bond with this type. While you should do this with all negotiating opponents, intuitive types place especially strong emphases on trusting and liking the people they negotiate with.
- Emphasize how well the deal will suit both of you. Intuitive types are keen to act on negotiations that feel right and that are fair to everyone involved in them (Ilich, 1996: 90).

해석 여러분이 직관적 유형의 사람에게 영향력을 발휘할 수 있는 힌트가 여기 있다.

- 이런 유형과는 결속력을 배양하는데 특별히 유의하라. 모든 협상 상대자들과 그렇게 해야 하겠지만, 직관적 유형의 사람은 자기와 협상하는 상대방을 신뢰하고 마음에 들어 하는 것에 특히 강조를 둔다.
- 이 거래가 쌍방 모두에게 얼마나 잘 맞는 것인지를 강조하라. 직관적 유형의 사람은 협상 이 제대로 되는 거래이고 관계된 모두에게 공평하다는 감이 올 때 이를 행동에 옮기고 싶어 하는 마음이 크다.

어휘 **place emphases on** ~에 강조를 두다 **suit** 적합하다, 잘 들어맞다 **keen** 열심인, 열중한, 열망하는

B 상대방의 의사결정 방법

There's another refinement you can use as you try to size up your opponent. With this refinement, in addition to discovering the way your opponent is most strongly influenced, you can quickly determine how she makes decisions. Whether your opponent is primarily analytical, aesthetic or intuitive, she also operates on a continuum of decision-making, from strong to weak (Ilich, 1996: 91).

해석 여러분이 상대방을 평가하려고 할 때 사용할 수 있는 또 다른 섬세한 고안 장치가 있다. 이것으로 여러분은 상대방이 무엇에 영향을 가장 받는지를 발견하는 일 이외에, 그가 의사결정을 어떻게 내리는지를 빨리 결정할 수 있다. 상대방이 일차적으로 분석적 유형이든, 심미적 또는 직관적 유형이든 간에, 그는 의사결정을 내리는데 있어, 강한 쪽에서부터 약한 쪽에 이르는 연속 상의 어디에선가에 위치하게 된다.

어휘 **refinement** 세련, 치밀한 점, 섬세한 고안 **size up** (인물 등)을 평가하다, (정세 따위)를 판단하다
primarily 일차적으로 **continuum** 연속(체)

❶ 강한 (조용하지 않은) 유형

Whether they operate primarily on analytical, aesthetic or intuitive levels, strong types make decisions quickly and confidently. They analyze complicated information rapidly but sometimes, when they pass judgement too quickly, their hasty decisions turn out to be wrong (Ilich, 1996: 91).

해석 상대방이 일차적으로 분석적 유형이든, 심미적 또는 직관적 유형이든 간에, 강한 유형의 사람은 결정을 빨리 그리고 자신 있게 내린다. 그런 사람은 복잡한 정보를 빠르게 분석한다. 그러나 때때로 판단을 너무 빨리 내리다가 그의 성급한 결정이 잘못된 것으로 판정나기도 한다.

어휘 **confidently** 확신을 갖고, 자신 있게, 대담하게 **hasty** 서두른 **turn out to** ~로 판정되다

Most strong types display some or all of the following traits:

- They interrupt frequently and often answer your questions before you've finished asking them.
- They use "I" a lot because they have a strong desire for recognition.
- They speak in a firm, unhesitant tone of voice. They always talk and act like they know what they're doing - even if they secretly have doubts.
- They get angry quickly and take a long time to calm down (Ilich, 1996: 91-92).

해석 강한 유형의 사람들 대부분은 다음 특성 중 일부 또는 전부를 보인다.

- 그들은 자주 말을 중단시키고 종종 여러분의 질문이 끝나기도 전에 질문에 대한 답을 한다.
- 그들은 남이 알아주기를 갈망하므로 "나"라는 말을 자주 사용한다.
- 그들은 확고하고 주저 없는 목소리로 말을 한다. 그들은 항상 자기가 하고 있는 일을 잘 아는 듯이 말하고 행동한다. 비록 속으로 몰래 의심이 가더라도 말이다.
- 그들은 화를 빨리 내고, 진정하는데도 시간이 걸린다.

어휘 **trait** 특성, 특색, 특징 **interrupt** 말을 중단시키다 **recognition** 인정 **unhesitant** 주저 없는 **calm down** 진정하다

While strong types seem commanding and authoritative, they're easy to deal with if you use the following strategies:

(1) Strong types respond best to clear, logical positions that leave no unanswered questions or areas open to interpretation. So if you negotiate with a strong type, present your proposals clearly and back them up with as much documentation as you can (Ilich, 1996: 92).

해석 강한 유형의 사람은 명령조이고 권위주의적인 반면, 여러분이 다음 전략을 사용하면 다루기 쉽다.

(1) 강한 유형의 사람은 해석이 분분한 모든 질문이나 분야에 답을 다하는 명료하고 논리적 인 입장에 가장 잘 반응한다. 그러므로 강한 유형의 사람과 협상할 때 여러분의 제안 내용을 명료하게 제시하고 가능한 많은 문서로 이를 백업하라.

어휘 **commanding** 명령조의 **authoritative** 권위적인

(2) Strong types tend to stick to their views or judgements, even after they've been proven wrong. If you catch a strong type making a mistake, you can gain the negotiating edge by pointing out the error just tactfully. Most strong types have a definite sense of right and wrong, and if you point out an error, they'll usually make concessions to "put things right." (Ilich, 1996: 92).

해석 강한 유형의 사람은 자기가 틀렸음이 증명되어도 자기의 관점이나 판단을 고수하려는 경향이 있다. 만약 강한 유형의 사람이 실수한 것을 여러분이 포착했다면, 그 실수를 재치 있게 지적해 줌으로써 여러분은 협상에 있어 우위를 점할 수 있게 된다. 강한 유형의 사람들 대부분은 옳고 그름에 대한 감각이 단호하며, 만약 여러분이 실수를 지적하면 그들은 대체적으로 "일을 제대로 하기"위해 양보를 할 것이다.

어휘 **stick to** ~를 고수하다 **edge** 우위, 우세, 유리 **tactfully** 재치 있게

(3) Strong types get angry quickly, and they stay angry. So don't do or say anything that will set them off. One of the easiest way to make strong types angry is by not taking them seriously. If you have to reject a strong type's offer, you should explain in detail why you're turning him down (Ilich, 1996: 92).

해석 강한 유형의 사람은 화를 빨리 내고, 화낸 것도 오래 간다. 그러니 화 낼 말이나 짓은 하지 말라. 강한 유형의 사람을 가장 쉽게 화내게 하는 방법 중 하나는 그들을 진지하게 받아들여 주지 않는 것이다. 만약 여러분이 강한 유형의 사람의 제안을 거절해야만 한다면, 왜 그를 거절하는 지 상세히 설명해 주어야 한다.

어휘 **set off** ~을 촉발[유발]하다, ~을 폭발시키다 **turn down** 거절[각하]하다

2 양다리 걸치는 유형

Unlike the strong type, who will have immediate and decisive views on any issue or negotiation, the fence-straddling type needs more time and likes to reach a consensus before taking any action (Ilich, 1996: 93).

해석 어떤 이슈나 협상에 있어서도 즉각적이고도 단호한 관점을 갖는 강한 유형의 사람과는 달리, 양다리 걸치는 유형의 사람은 시간을 더 필요로 하고, 어떤 행동을 취하기 전에 의견 일치를 보는 것을 좋아한다.

어휘 **Unlike** ~와는 달리 **decisive** 단호한, 과단성 있는 **fence-straddling** 양다리 걸치는 **consensus** 일치, 합의

Here are some clues to help you spot this type:

- Fence-straddling types like to feel that they've exhausted all possible approaches before they make a final decision. They hoard all paperwork related to the issue, and they tend to consult with others to get a wide variety of opinions.
- They will usually ask for time to consult with others before they make a final decision on any major proposals, but they are quick to concede minor points (Ilich, 1996: 93).

해석 여기에 이런 유형을 분별해 내는 몇 가지 단서가 있다.

- 양다리 걸치는 유형의 사람들은 최종 결정을 내리기 전에 모든 가능한 접근을 다 시도해 보았다고 느끼기를 좋아한다. 그들은 해당 이슈에 관련된 모든 문서를 저장해 두었다가 다양한 의견을 듣기 위해 다른 사람들과 상담하려는 경향이 있다.
- 그들은 대게 어떤 중요한 제안에 대해서는 최종 결정 전에 다른 사람들과 상의할 시간을 달라고 요구한다. 그러나 사소한 점에 대한 양보는 빠르다.

어휘 spot 발견하다, 분별[분간]하다 exhaust 소진시키다, 철저히 규명하다 hoard 저장하다, 축적하다 concede 양보하다

Here's how you can break through the fence-straddler's indecision:

(1) When a fence-straddler leaves a negotiation to consult with others, he often comes back to the bargaining table with all kinds of changes and variations. Don't let him get away. Explain your proposals to him in great detail and try to "force" him to make a decision on the spot (Ilich, 1996: 93).

해석 여기에 양다리 걸치는 유형의 우유부단함을 돌파할 수 있는 방법이 있다.

(1) 양다리 걸치는 유형의 상대방이 다른 사람들과 상의하러 협상 장소를 떠나 다시 협상 테이블에 돌아올 때에는 별의별 변화와 변동 내용을 가지고 온다. 그가 협상장소를 벗어나지 못하게 하라. 여러분의 제안 내용을 상세히 설명하고, 강제로라도 그가 즉석 에서 결정을 내리도록 애쓰라.

어휘 break through 강행 돌파하다, 극복하다 indecision 우유부단, 주저 variation 변동 get away 도망치다, (~로부터) 벗어나다 force 강제로 ~하다 on the spot 즉석에서

(2) If other people whose opinions are important to your opponent agree with your negotiating position, you should mention this to the fence-straddling type, who likes to reach consensus. For example, you might say, "I've heard that your manager thinks that 50 cents per unit will work with your budget." (Ilich, 1996: 93).

해석 상대방이 그 의견을 중요하게 여기는 사람들이 만약 여러분의 협상 입장에 동의한다면, 이 점을 양다리 걸치는 유형의 협상 상대자에게 언급하라. 의견 일치를 보는 것을 좋아하는 자이니까 말이다. 예를 들어, "제가 듣기로는 당신 매니저가 단가 50센트이면 예산에 맞겠다고 생각한다는 데요."라고 말 할 수도 있다.

어휘 mention 언급하다 budget 예산

3 유약한 유형

Weak types, whether analytical, aesthetic, or intuitive, are unfortunate negotiators. They are reluctant to make any decisions. They would much rather pass the responsibility on to others. They stall, they stammer, they beg for more information and more time. They try to postpone any decision until it's forced upon them (Ilich, 1996: 93).

해석 유약한 유형의 사람들과 협상한다는 것은 그 사람들이 분석적이든 심미적 또는 직관적이든 여러분에게는 불행한 일이다. 그런 사람들은 어떤 결정도 내리기를 꺼려한다. 오히려 책임을 남에게 전가하고자 한다. 그들은 핑계를 대며 시간을 벌고, 더듬거리며 말을 웅얼거리며, 더 많은 정보와 시간을 달라고 애걸한다. 그들은 강제로 결정을 내릴 수밖에 없을 때까지 어떤 결정도 뒤로 미루려고 애쓴다.

어휘 **reluctant** 꺼리는 **stall** 교묘하게 (시간을) 벌다, 핑계를 대다 **stammer** 말을 더듬다, 웅얼거리다

Here are some other clues to help you spot weak types:

- They tend to be timid and speak quietly. They let you do all the talking and only occasionally offer a nod or an "Uh-huh". They almost never interrupt.
- Because decision making is nerve-wracking for them, they are prone to bad habits such as nail-biting and squinting (Ilich, 1996: 94).

해석 여기에 유약한 유형을 분별해 내는 또 다른 단서가 있다.

- 그들은 수줍어하고 조용히 말하는 경향이 있다. 말은 상대방이 다 하도록 하고, 자기는 가끔씩 고개를 끄덕이거나 "으흠"이라고 할 뿐이다. 상대방의 말은 절대로 중단시키지 않는다.
- 그들에게는 결정을 내린다는 것이 몹시 신경이 쓰이는 일이기 때문에, 손톱 깨물기 혹은 곁눈질하기 등의 나쁜 습관을 갖는 경향이 있다.

어휘 **timid** 수줍어하는 **occasionally** 가끔 **nerve-wracking** 신경을 건드리는, (몹시) 신경질 나게 하는 **prone to** (좋지 않은 방향으로의) 경향이 있는, (~하기) 쉬운 **nail-biting** 손톱 깨물기 **squint** 곁눈질을 하다

If you apply too much pressure on weak types, they will simply abdicate the decision to someone else. Instead, be very patient. Explain every major proposal you make in detail. Encourage them to ask questions so they can participate in the negotiation process. That's often the only way you'll make progress (Ilich, 1996: 94).

해석 유약한 유형의 사람들에게 너무 압박을 가하면, 그들은 결정 권한을 포기하고 그냥 다른 사람에게 넘겨버릴 것이다. 그러지 말고 인내를 보여라. 여러분이 제시한 주요 제안 내용을 상세히 설명해주라. 질문을 하도록 권해서 그들이 협상과정에 참여케 하라. 이것이 앞으로 협상을 진전시켜 나아갈 유일한 방법이다.

어휘 **abdicate** 권리를 버리다, 포기하다 **make progress** 진행하다, 향상하다

2 상대방 자아에 호소하기

- ✓ Learn as much as you can about your opponent before negotiation so you know what will best appeal to your opponent's self.
- ✓ Appealing to your opponent's self creates a closer relationship, which makes your opponent more likely to give you what you want.
- ✓ Sincere compliments will appeal to your opponent's self. So will finding that you share something in common.
- ✓ Never offer insincere compliments. If you offend your opponent's self, apologize.
- ✓ Never be critical of anything that's not relevant to the bargaining because you may unintentionally offend your opponent's self.
- ✓ Don't make any concessions because your opponent has appealed to yourself. Focus on getting what you want.

출처: Ilich(1996: 101)

해석
- ✓ 상대방의 자아에 가장 마음에 들게 하는 것이 무엇인지를 알기 위해, 협상 전에 상대방에 관해 가능한 많이 알아두라.
- ✓ 상대방의 자아에 가장 마음에 들게 하는 일은 보다 긴밀한 그와의 관계를 형성케 해준다. 그런 긴밀한 관계형성은 상대방이 여러분이 원하는 것을 줄 가능성을 더 높여준다.

✓ 진지한 칭찬은 상대방의 자아에 어필할 것이다. 여러분이 그와 공통적인 무언가를 함께 공유한다는 점을 상대방이 발견하게 되면 그것도 상대방의 자아에 어필할 것이다.

✓ 진지하지 못한 칭찬은 절대 금물이다. 만약 상대방의 자아를 거스르게 했다면 사과하라.

✓ 흥정과 관계없다면 무엇이든지 비판하지 말라. 의도하지는 않았어도 그 일로 상대방의 자아를 불쾌하게 할지도 모르기 때문이다.

✓ 상대방이 여러분의 자아에 어필한다고 해서 아무 양보나 해주지 말라. 여러분이 원하는 것을 얻는 일에만 집중하라.

어휘 **appeal** 마음에 호소하다, 마음에 들다, 흥미를 끌다 **compliment** 칭찬 **in common** 공통적인 **insincere** 진지하지 못한 **offend** 불쾌하게 하다, 거스르다, 기분을 상하게 하다 **apologize** 사과하다 **critical** 비판적인 **relevant to** ~에 관련된 **unintentionally** 의도하지 않고

A 상대방의 자아

If you can discover what is an important part of your opponent's self, you can establish a bond with your opponent, and this will make negotiating easier, more fruitful, and more enjoyable for both of you (Ilich, 1996: 96).

해석 여러분이 상대방의 자아 중 어느 부분이 중요한지를 발견할 수 있다면, 여러분은 그 상대방과 결속력을 확립할 수 있으며, 이는 협상을 더 쉽고, 결실이 많으며, 쌍방이 더 즐길 수 있는 것으로 만들어 줄 것이다.

어휘 **establish a bond** 결속력을 확립하다

If you can't discover anything beforehand, you will only have a minute before negotiating begins to look for tip-offs to your opponent's personality. Look around his office if that's where you are. If your opponent has come to you, make a quick study of his physical appearance for clues (Ilich, 1996: 97).

해석 여러분이 (상대방의 개성에 대한) 어떤 것도 미리 발견할 수 없다면, 협상 시작 전 일분간이라도 상대방의 개성에 대한 힌트를 찾기 시작하라. 상대방의 사무실에서 협상하게 된다면 한번 빨리 둘러보라. 상대방이 여러분 있는 곳으로 온다면 그의 신체적 외모를 빨리 훑어보고 실마리를 찾도록 하라.

어휘 beforehand 미리 tip-off 비밀정보, 조언, 힌트

The initial conversation you make with your opponent before negotiation begins can also offer you a wealth of chances to learn more about her. Ask questions about her business, her schooling, or even her hobbies if you feel it's appropriate. but do it tactfully (Ilich, 1996: 97).

해석 협상 전 상대방과 나누는 초기 대화도 그에 대해 알 수 있는 많은 기회를 줄 수 있다. 상대방의 사업, 그가 받았던 학교교육, 혹은 적절하다고 느끼면 그의 취미에 대해서도 물어보라. 그러나 요령껏 재치 있게 하라.

어휘 initial 초기의 schooling 학교 교육 appropriate 적절한 tactfully 재치 있게

B 상대방의 자아에 왜, 어떻게 호소하나?

Negotiating is much easier once you and your opponent have a bond, like belonging to a same organization. Talking about mutual interest will appeal to your opponent's self and will form a bond between you (Ilich, 1996: 98).

해석 일단 여러분과 여러분의 상대방이 동일 조직에 속한 것처럼 결속력을 갖게 되면 협상은 훨씬 더 쉬어진다. 상호 관심사에 대해 이야기하는 것은 상대방의 자아에 어필할 것이고, 쌍방 간에 결속력을 형성하게 될 것이다.

어휘 belong to ~에 속하다

A lot of times your opponent may be fishing (even hoping) for a compliment. Stay alert and you will be able to pick up the clues. Tell your opponent what a great suit he has on. You'll see an immediate reaction. Your opponent will warm up to you. You've hit him where he's most responsive - his self (Ilich, 1996: 98).

해석 흔히 있는 일로, 상대방은 칭찬꺼리를 꾀어 낚는 중일지 혹은 바랄지도 모른다. 방심하지 않고 있으면 여러분은 그 실마리를 집어낼 수 있을 것이다. 상대방에게 오늘 입은 양복이 멋지다고 말하라. 즉각적인 반응을 보게 될 것이다. 상대방은 여러분을 좋아하게 될 것이다. 여러분은 그가 가장 반응을 보이는 곳 즉, 그의 자아를 건드렸던 것이다.

어휘 **fish** 꾀다, 낚다 **alert** 방심하지 않는, 경계하는, 조심하는 **warm up to** ~을 좋아하게 되다
responsive 바로 대답하는, 반응하는, 민감한, 이해가 빠른

C 상대방 자아를 거슬리기

(예) 상대방 자아를 거슬린 경우

You: Sorry, but the air terminal was a zoo. Non of the attendants knew what was going on, and I ended up sitting on an unmoving plane for over an hour before we got cleared for takeoff. You know how those damned airlines are.

Opponent: Yes, actually, I do. My father, brother and sister are commercial pilots.

출처: Ilich(1996: 99)

해석 여러분: 미안합니다. 하지만 공항 터미널이 동물원이었어요. 무슨 일이 터졌는지 승무원 중 그 누구도 아는 사람이 없었고, 결국 저는 꼼짝도 않는 비행기에 한 시간 이상 앉았다가 겨우 정리가 되어 이륙했죠. 아시죠, 거지같은 항공사들이 어떤지 말예요.

상대방: 그래요, 사실 제가 그건 잘 알죠. 제 아버지, 형님, 여동생 모두 민간항공기 조종사 거든요.

어휘 **air terminal** 여객의 출입구가 되는 건물 **attendant** 안내원 **got cleared** 깨끗이 정리되다
takeoff 이륙 **damned** 저주받은 **commercial** 영리목적의, 민간의

Once you make the mistake of offending your opponent's self, negotiating with this person won't be easy. When you unintentionally offend your opponent, apologize right there on the spot. Some subjects to avoid so you don't attack your opponent's self are:

- Negative opinions or gossip about your opponent's company, products or colleagues.
- Jokes unless you know your opponent's sense of humor well.
- Anything to do with religion or politics (Ilich, 1996: 99).

해석 일단 상대방의 자아를 거슬리는 실수를 했다면 그 사람과의 협상은 쉽지 않을 것이다. 별 의도가 없이 상대방의 마음을 상하게 했다면 그 자리에서 즉시 사과하라. 상대방 자아를 공격하지 않게 다음 주제들은 피하라.

- 상대방 회사, 제품, 동료 등에 대한 부정적 의견이나 험담
- 상대방의 유머 감각을 잘 알지 못하는 경우에 농담
- 종교나 정치에 관련된 것이면 어느 것이나 모두

어휘 **unintentionally** 의도하지 않고 **gossip** 남의 뒷말, 험담, 뒷공론 **colleague** 동료 **to do with** ~와 관련 있는

D 마음 상해하지도 말고, 상대방이 여러분의 자아에 어필하지도 못하게 하라

Learn to be thick-skinned when you negotiate. You'll bargain with a lot of opponents who may offend you either because they lack experience or are just mean-spirited. Keep your eye on the issues, not the people involved (Ilich, 1996: 100).

해석 협상할 때 비난 · 모욕 등에 대해 둔감해지는 것을 배우라. 여러분은 경험부족으로 또는 단지 성질이 비열해서 여러분의 마음을 거슬릴지도 모를 별의별 사람들을 상대로 흥정을 하게 될 것이다. 여러분이 눈을 떼지 말고 주시할 곳은 (협상에) 개입된 사람이 아니라 눈앞에 있는 이슈들이다.

어휘 **thick-skinned** 비난 · 모욕 등에 대해 둔감한, 뻔뻔스러운 **lack** ~이 없다, 결핍되다 **mean-spirited** 비열한, 옹졸한 **Keep your eye on** ~에 눈을 떼지 말고 주시하라

When your opponent tries to appeal to your self, be gracious, thank your opponent, and then move on with the discussion as quickly as possible. Don't dwell on your opponent's remarks. If you do so, you're increasing the chances that they will influence you to make concessions (Ilich, 1996: 100).

해석 상대방이 여러분의 자아에 어필하려고 애쓸 때 우아하게 상대방에게 감사하다고 한 후 가능한 빨리 토론을 계속하라. 상대방의 말을 곰곰이 생각하지 말라. 만약 그렇게 하면, 여러분은 그들이 여러분의 양보를 받아내려고 영향력을 발휘할 기회를 그 만큼 더 주는 셈이다.

어휘 **gracious** 우아한 **dwell on** ~을 (곰곰이) 생각하다 **remark** 의견, 말, 비평

We all like people who stroke us and build up our ego. But don't let a little flattery persuade you to make concessions that work against your interests. That's a high price to pay for a little buttering up (Ilich, 1996: 100).

해석 우리 모두는 자기를 어루만져주고 자신의 자아를 세워주는 사람을 좋아한다. 그러나 작은 추켜세우는 말 몇 마디로 설득당해 여러분의 이익에 역작용하는 양보같은 것은 하지 말라. 사소한 아첨의 말 때문에 치루어야 할 댓가가 큰 것이다.

어휘 **stroke** 쓰다듬다, 어루만지다 **flattery** 아첨, 듣기 좋은 칭찬, 추켜세우기
work against 반대로 작용하다 **buttering up** 아첨하는 말

3 상대방 감정에 호소하기

✓ When your negotiating position is weak on its merits, you should consider appealing to your opponent's emotion to get what you want.
✓ All people have a desire for wealth, recognition, and self preservation.
✓ You should determine which of the 3 desires most strongly motivates your opponent and appeal to that desire when you negotiate.

출처: Ilich(1996: 108)

해석 ✓ 협상에 임하는 여러분의 입장이 장점의 면에서 취약할 때, 원하는 것을 얻으려면 상대 방의 감정에 호소하는 방법도 고려해야 한다.
✓ 인간 모두는 부, 알아주기, 그리고 자아 보존에 대한 욕망이 있다.
✓ 협상할 때 여러분은 이 3가지 욕망 중 어느 것이 상대방에게 가장 동기부여를 해주고 그 욕망에 어필하는지 결정해야 한다.

어휘 merit 장점, 우수성 recognition 인정, 알아주기 preservation 보존

A 상대방을 감정적으로 만드는 3가지 방법

There are many ways to influence your opponent's emotions. In negotiation, the three most direct routes to emotional influence are: Wealth: Recognition: and Self-Preservation (Ilich, 1996: 104).

해석 상대방의 감정에 영향을 주는 방법이 여러 가지 있다. 협상에 있어서 감정적 영향을 주는 3 가지 가장 빠른 길은 부, 인정, 그리고 자아 보존이다.

1 부

We all have a strong desire for wealth. Many of your opponents will also have a strong desire for wealth. So if your bargaining strategy is to cut a deal that will either increase their wealth or help them preserve their existing wealth, you'll strike their emotional nerve (Ilich, 1996: 104).

해석 우리 모두는 부에 대해 강한 욕망을 갖고 있다. 여러분의 상대방 대다수도 부에 대해 강한 욕망을 갖고 있을 것이다. 그래서 만약 여러분의 흥정 전략이 그들의 부를 증가시켜 주거나 기존의 부를 보존하는데 도움이 될 거래를 하는 것이라면, 여러분은 그들의 감정적인 신경을 건드리게 될 것이다.

어휘 **cut a deal** 거래 계약[협정]을 맺다 **preserve** 보존하다 **existing** 기존의

Here's how to recognize opponents with a strong craving for wealth:

(1) They like to talk about and show off their possessions: expensive car, house, clothes, and so on.

(2) They often like to talk about anything that relates to money, such as the killing they made in the stock market or their company profits (Ilich, 1996: 104-105).

해석 여기에 상대방이 부에 대한 강한 갈망이 있는지를 알아보는 방법이 있다.

(1) 그들은 고급 승용차, 집, 옷 등 자기가 갖고 있는 것들에 대해 말하거나 뽐내기를 좋아 한다.

(2) 그들은 종종 돈과 관련된 것이면 무엇이든지, 예를 들어 주식시장에서 혹은 회사 이윤에서 대성공을 이루었다고 말하기를 좋아한다.

어휘 **recognize** 인지하다, 알아보다 **craving for** ~에 대한 갈망, 욕구, 열망 **show off** 뽐내다 **possession** 소유물 **killing** 큰 벌이, (사업 등의) 대성공 **stock market** 주식시장

(3) Expressions dealing with money ("bucks", "big ones", "greenbacks" etc.) often pop up in their conversation.

(4) They frequently talk about other people's money with a hint of envy.

(5) They tend to have a negative, almost condescending attitude toward people who don't have a lot of money (Ilich, 1996: 104-105).

해석 (3) 돈을 다루는 표현들 (달러를 다르게 칭하는 표현인 bucks, big ones, greenbacks)이 대화 도중에 자주 튀어 나온다.

(4) 그들은 부러움을 비치면서 다른 사람들의 돈에 대해 자주 말한다.

(5) 그들은 돈이 많지 않은 사람들에 대해 부정적으로 그리고 거의 얕보는 태도를 갖는 성향이 있다.

어휘 **bucks/big ones/greenbacks** 달러에 대한 다른 지칭 **pop up** 튀어 나오다
with a hint of ~을 넌지시 말하면서, 비치면서, 암시하면서 **envy** 부러움
condescending 짐짓 겸손한 체 하는, 얕보는

2 인정

People have a strong desire to be recognized and acknowledged for their achievements. Here's how to recognize opponents with a strong craving for recognition:

(1) They're often driven to get themselves and their accomplishments splashed across any media, whether it's a local newspaper, magazine, TV or even word of mouth.

(2) They're usually well-groomed, and may wear flashy clothes (Ilich, 1996: 105).

해석 사람들은 자기가 이룬 업적을 인정받고 남이 이를 알아주기를 몹시 갈망한다. 여기에 상대방이 인정에 대한 강한 갈망이 있는 사람인지를 알아보는 방법이 있다.

(1) 그들은 지방신문, 잡지, TV 등 어떤 대중매체가 되던 간에, 그리고 구전에 이르기까지, 자기 자신과 자기의 업적을 화려한 뉴스거리로 다루려는 충동에 종종 내몰린다.

(2) 그들은 보통 몸차림이 단정하고 야한 옷을 입기도 한다.

해석 **recognize** 알아주다, 인정하다 **acknowledge** 인정하다 **achievement** 업적, 공적 **accomplishment** 성과, 업적 **driven** (충동에) 내몰린 **splash** (뉴스 등을) 화려하게 다루다 **word of mouth** 구전 **well-groomed** 몸차림이 단정한 **flashy** 속되게 번지르르한, 야한

(3) Their material goods are usually impeccable. They have well-tended homes and cars.

(4) They may refer to themselves frequently in conversation. Their favorite words are "I" or "me" (Ilich, 1996: 105).

해석 (3) 그들의 물질적 제품들은 대개 나무랄 데 없는 것들이다. 그들은 잘 가꾼 집과 승용차를 소유하고 있다.

(4) 그들은 대화중에 자신을 자주 지칭한다. 그들이 좋아하는 단어는 "나" 또는 "나를, 나에게" 이다.

어휘 **impeccable** 결점 없는, 나무랄 데 없는 **well-tended** 잘 돌본 **refer to** ~을 ~이라고 부르다

3 자아 보존

Self-preservation is the desire to be physically and financially safe and secure. Anything that ensures or threatens that security will get an emotional response. Self-preservation will be the strongest desire of many of your opponents (Ilich, 1996: 105).

해석 자아 보존은 신체적으로나 재정적으로 안전하고 안정되고자 하는 욕망이다. 그런 안전이 확실하게 보증되거나 위협받는 것이라면 무엇이든 감정적 반응을 불러일으킬 수 있다. 자아 보존은 여러분 협상 상대자들중 상당수가 원하는 가장 강력한 욕망일 것이다.

어휘 **Self-preservation** 자아보존 **secure** 안정된, 걱정 없는, 보장된 **ensure** 확실하게 하다, 보증하다 **threaten** 위협하다

Here's how to recognize opponents with a strong craving for self-preservation:

(1) Generally, they are not aggressive. They are good listeners who will let you talk, because they feel more secure when they know what's on your mind.

(2) They are usually low-key. They don't get excited or angry easily.

(3) They dress plainly, since they don't crave recognition for their appearance or their financial status (Ilich, 1996: 106).

해석 여기에 상대방이 자아 보존에 대한 강한 갈망이 있는지를 알아보는 방법이 있다.

(1) 일반적으로, 그들은 공격적이지 않다. 그들은 남의 말을 잘 경청하는 자로, 여러분이 말을 많이 하도록 만든다. 그들은 여러분의 마음을 알게 될 때 더 안전하다고 느끼기 때 문이다.

(2) 그들은 대체로 감정을 내색하지 않는다. 그들은 쉽게 흥분하지도 화를 내지도 않는다.

(3) 그들은 옷도 수수하게 입는다. 외양이나 재정적 지위로 남의 인정을 받으려는 갈망이 없기 때문이다.

어휘 **aggressive** 공격적인 **low-key** 자제하는, 감정을 내색하지 않는 **plainly** 수수하게

B 상대방의 감정에 호소하는 방법

Try to discover what will emotionally motivate your opponent while you're negotiating. Once you learn which is the strongest motivator, you can develop a strategy to appeal to it, especially your bargaining position is weak (Ilich, 1996: 106).

해석 협상하는 동안 무엇이 상대방을 감정적으로 동기부여 하는지 발견하려고 노력하라. 일단 가장 강력한 동기부여 요인이 무엇인지를 알게 되면, 여러분은 이에 어필할 수 있는 전략을 개발할 수 있게 된다. 특히 여러분의 흥정 입장이 약할 때는 더하다.

❶ 상대방에게 금전적 보상하기

Any of your bargaining positions that increase or preserve your opponent's wealth will prompt an emotional response. The more your opponent wants wealth, the quicker and stronger your opponent's emotional response will be (Ilich, 1996: 106).

해석 여러분의 흥정 입장이 상대방의 부를 증가 또는 보존시켜줄 것이라면 둘 중 어느 것도 모두 다 감정적 반응을 부추기게 할 것이다. 상대방이 부를 원하면 원할수록 상대방의 감정적 반응은 더 빠르고 더 강렬할 것이다.

어휘 **preserve** 보존하다 **prompt** 격려하다, 촉구하다, 부추기다

여기서 돈을 표현하는 방법 중 희한한 경우를 살펴보자. 이런 술책에 대비하도록 해야 한다.

There are all kinds of describing the price of something as follows:

- The cost to fly a 747 coast to coast expressed not "$52,000", but "11 cents per passenger mile".
- Interest rates expressed as a percentage rather than a dollar amount.
- Emphasizing the amount of the monthly payment rather than the true cost of the item. (Dawson, 1999: 137).

해석 어떤 것에 대한 가격을 기술하는 방법에는 다음과 같이 별의별 표현이 다 있다.

- 747 비행기로 미국 대륙을 동, 서로 횡단하는 비용을 "52,000 불"이 아니라 "승객 일인 당 일 마일에 11 센트"로 표현하기
- 금리를 달러가 아니라 퍼센트로 표현하기
- 물건의 진짜 비용 대신 월 단위 지불액으로 강조하기

어휘 **describe** 묘사/기술하다 **coast to coast** (미국의) 동, 서 해안을 횡단하여 **Interest rate** 금리 **terms** [pl.] (지불 · 요금 등의) 조건, 조항, 요구액, 가격, 용어

2 상대방을 인정해주기

If your opponent craves recognition, he will be receptive to any deal that will increase his visibility (through a press conference after the deal is closed, for example). And if his desire for recognition is strong enough, the money part of the deal becomes secondary. (Ilich, 1996: 107).

해석 만약 상대방이 인정받기를 갈망한다면, 그를 (예를 들어 거래 성사 후 기자회견을 통해) 눈에 띄는 화려한 존재로 만들어 줄 거래라면 어떤 거래든 간에 그는 이에 수용적이 될 것이다. 그리고 만약 상대방이 인정받는 일에 대한 욕망이 충분히 강렬한 사람이라면 거래의 금전 관련 부분은 이차적인 문제로 된다.

어휘 **crave** 열망[갈망]하다 **visibility** 눈에 띄는[화려한] 존재 **press conference** 기자회견
secondary 이차적인

When you are appealing to your opponent's emotions, give in on minor concessions. You don't want to get bogged down in petty disputes and run the risk of angering your opponent. If you do so, your opponent will not respond to your emotional appeals (Ilich, 1996: 107).

해석 여러분이 상대방의 감정에 호소하고 있다면 사소한 양보는 해주라. 여러분은 사소한 논쟁에 빠져 꼼짝 못하게 되어 상대방을 화내게 만드는 위험을 감수하고 싶지 않다. 그렇게 한다면 상대방은 여러분의 감정적 호소에 반응을 보이지 않을 것이다.

어휘 **give in** 굴복하다, 양보하다 **get bogged down** 으로(에 빠져) 꼼짝 못하게 되다
petty 작은, 사소한, 시시한 **anger** 성(화)나게 하다

❸ 상대방에게 안전을 보장해주기

Anything you say or do that preserves and ensures your opponent's self-preservation will cause him to emotionally respond (Ilich, 1996: 108).

해석 상대방의 자아 보존을 지켜주거나 확실하게 보증하는 말 또는 행동이면 그 무엇이나 다 그가 감정적으로 반응을 보이게 만들 것이다.

어휘 **preserve** 보존하다 **ensure** 확실하게 하다, 보증하다

참고문헌

- Dawson, Roger (1999), Secrets of Power Negotiating (2nd ed.), Career Press, Franklin Lakes, NJ.
- Ilich, John (1996), The Complete Idiot's Guide to Winning Through Negotiation, Alpha Books, New York.

Part II 국경을 넘는 협상의 이해

국제 비즈니스 협상이라는

맥락에서 문화 간 차이를 이해하려는 목표는 간단하다. 국제협상과정에서 단지 사교상의 실수를 하지 않는 예의 바르고 교양 있는 협상가가 되려는 것이 아니라, 협상테이블에서 나와 다른 문화권의 상대방과 현안 문제를 성공적으로 해결하는 것이다. 이를 위해 우리는 협상 과정에서 문화적 차이가 협상의 성공 여부에 미치는 영향에 대해 이해할 필요가 있다. Part II에서는 국제 협상가로서 알아두어야 할 다양한 문화에 대해 논하고 있다. 문화 간 커뮤니케이션으로서 협상의 전문가가 되기 위해 문화권 분류에 대한 이론, 문화권 별 및 국가 별 협상스타일을 영어 원문과 한글 해석 병행 구조로 정리 하였다.

Part II

국경을 넘는 협상의 이해

CHAPTER

1 문화 간 이해

1 문화 간 커뮤니케이션으로서의 협상

대부분의 사람들에게 외국인과 비즈니스를 한다는 것은 일반적으로 불안하고 걱정이 앞서는 일이다. 다른 문화권의 사람들과 비즈니스를 어떻게 해야 하는지를 알려면 우선 자기 자신과 자신의 문화를 알아야 한다. 이를 모르고서는 다른 문화권의 사람들과의 차이를 알 수 없다. 문화권마다 비즈니스를 해나가는 방식의 차이를 이해해야 어떻게 대처해갈 지를 알 수 있는 것이다.

협상의 경우도 마찬가지이다. 지구상의 모든 문화권에 대한 사실들, 그들의 업무 스타일, 협상 선호도, 전략 등을 얄팍하게 백과사전식으로 목록으로 나열하기도 불가능 할 뿐 아니라, 그렇게 한다고 해도 그만한 가치가 없다. 여러분이 협상할 상대방은 그러한 목록에서 기술하고 있는 평균적인 사람들과는 매우 다른 개개인들일 수 있기 때문이다.

타문화를 이해하고 있으면 문제가 발생하기 전에 그 잠재적 문제를 어떻게 처리할 것인지 계획을 세우고 예측을 해서 무엇을 준비하여 대비할 것인지가 가능해진다. 이런 상황에 처했을 때 머리 속에 들어있는 타문화에 대한 지식만으로는 순간순간 대처하기가 어렵다. 글로벌한 사고방식 (a global mind-set)만이 해답이다.

The better negotiators, the more successful global business people, are not those who have memorized hundreds or thousands of do's and don't's. Rather they are those who have developed an international feel, a global mind-set, an empathetic approach toward doing business with people from other cultures. So, it is best to begin by understanding the one culture we can truly master, our own, and becoming aware of the ways it affects the process of working with others at the negotiating table (Foster, 1995: 5).

해석 보다 성공한 협상가들, 더 성공한 글로벌 비즈니스 인들은 수백 혹은 수천 개의 "해야 될 것들"과 "해서 안 될 것들"을 암기한 사람들이 아니다. 오히려 그들은 국제적 감각, 글로벌한 사고방식, 다른 문화권에서 온 사람들과 비즈니스를 할 때 상대방 입장을 이해하는 식의 접근법을 키워온 사람들이다. 그러므로 우리가 정말로 통달하고 있는 우리 자신의 문화 이해를 그 시작으로 하고, 그것이 협상 테이블에서 상대방과 일 해나가는 과정에서 어떻게 영향을 미치는가를 점차 깨달아가는 것이 최선이다

어휘 **do's** 해야 할 것들 **don't's** 해선 안 될 것들 **mind-set** 마음가짐, 사고방식
empathetic 감정이입의, 감정에 입각한 **begin by** ~로 시작하다 **master** 통달[마스터]하다
affect 영향을 미치다 **process** 과정

All business is negotiating, and all negotiating is communicating. The process of negotiating is culturally determined. You can negotiate business, but you cannot negotiate values. Values must be acknowledged as legitimate at the negotiating table in order both parties to be able to proceed with the business at hand. You may not know what the values of your associates are until they begin to reveal themselves through the course of negotiation. That's why we need cross-cultural information ahead of time (Foster, 1995: 18-19).

해석 모든 비즈니스는 협상이고 모든 협상은 의사소통이다. 협상과정은 문화적으로 결정된다. 여러분은 사업을 협상할 수 있지만, 가치는 협상대상이 될 수 없다. 협상테이블에서 가치는 정당한 것으로 인정되어야 한다. 이는 쌍방이 당장 앞에 놓인 비즈니스를 진척시키기 위해서다. 여러분은 상대방이 협상하는 과정에서 스스로를 내보이기 시작하기 전까지는 그의 가치가 무엇인지 모를 것이다. 그런 이유로 우리에겐 미리 문화 간 정보가 필요하다.

어휘 **determine** 결정하다 **acknowledge** 인정하다 **legitimate** 정당한, 합법적인
proceed 진척시키다 **at hand** 당장 눈앞에 있는 **associate** 동료 (여기서는 협상 상대방)
reveal 드러내다 **ahead of time** 미리

2 글로벌 사고방식의 가치

한 문화에 대해 세부사항들을 통달했다는 것은 그 문화권 사람들의 행태에 대해 가능성을 예상하고 성향을 파악할 수 있다는 것뿐이다. 모든 사람이 자신의 국가를 동일하게 대표하고 있는 것은 아니다. 글로벌 사고방식으로 국제 비즈니스 상황에 대응한다는 것은 결국 내 자신의 행동이 주어진 상황에 잘 대처해 간다는 것이다.

우리는 외국 협상 대상자가 갖고 있는 가치나 행태를 바꿀 수 없다. 조정하고 통제할 수 있는 것은 내 자신 뿐이다. 이에 타인의 가치를 인정하고 그 점을 나 자신 속에서 찾아가는 글로벌한 사고방식 이야기가 대두되는 것이다.

What determines your success at the table with your opponents abroad is your ability to identify and respond flexibly to deep differences in culturally determined world views, so that these cultural differences do not undermine or get in the way of accomplishing the business at hand. The global mind-set is a behavioral skill for effective, productive handling of cross-cultural situations (Foster, 1995: 8).

해석 해외에서 온 상대방과 협상 테이블에서 여러분이 성공할 수 있느냐를 결정짓는 것은, 문화적으로 정해져버린 세계관의 깊은 차이점을 규명하고, 이에 융통성 있게 대응하여, 이런 문화적 차이로 인해 눈앞에 있는 비즈니스의 목적달성이 뿌리 째 흔들리거나 방해받지 않도록 하는 여러분의 능력이다. 글로벌 사고방식은 여러 문화간 상황을 효과적이고 생산적으로 처리하는 행위기술이다.

어휘 identify 규명하다 flexibly 융통성 있게 undermine 근간을 무너뜨리다
get in the way 방해하다 accomplish 성취하다 behavioral 행위의, 행태의

Intellectual understanding, while providing some awareness of intellectual and constructive behavior, offers no method for translating this limited information into effective, authentic behavior. Often, the negotiator without a global mind-set is often left stranded at the table with a head-full of cultural information bytes and no plan for acting on them (Foster, 1995: 12).

해석 지식적 이해는 어느 정도 지성적이고 건설적인 행태가 무엇인지를 인식하게는 해 주지만, 이 제한된 정보를 효과적이고 진정으로 믿을만한 행위로 바꿀 수 있는 방법은 전혀 제공해 주지 않는다. 종종 글로벌 사고방식이 없는 협상가는 머릿속에 문화관련 정보조각들을 가득 집어넣고 있는데도 이를 행동에 옮길 계획 없이 협상 테이블에 나와 이도 저도 못하고 있는 상태에 처하게 된다

어휘 **Intellectual** 지식적인, 지성적인 **translate** 바꾸다 **authentic** 진정으로 믿을 만한
left stranded 꼬여서 이도 저도 못하는 상태에 남겨진 **head-full** 머리에 가득 찬
byte 정보 조각

CHAPTER

2 효율적인 국제 협상가

1 관계 형성을 위한 커뮤니케이션으로서의 협상

훌륭한 협상은 상대방보다 더 잔 꾀를 부려서 상대방을 잘 조정하여 속이거나 더 많이 빼앗아오는 것이 아니다. 또한 한 쪽이 일방적으로 빼앗기는 것도 아니다. 더 나은 협상가는 협력하는 분위기 속에서 서로 관계를 형성해가면서 자기가 원하는 것을 더 많이 가져오는 자이다. 일반적인 협상이 그럴 진데, 국제협상은 더욱 상대방과의 관계 구축을 더 요한다. 협상에서 제일 중요한 것은 숫자, 조건, 날짜 등이 아니라 상호 존중과 신뢰라는 개인관계를 발전시키는 것이다. 이같은 상호 협력관계를 구축하려면 서로를 알 시간이 필요하다.

시작, 본론, 결말의 세 단계로 이루어지는 협상에서는 한 단계에서 다른 단계로 이동할 때 그 과정은 물 흐르듯 해야 한다. 이런 의미에서 협상은 춤과 같아서 한 쌍의 파트너가 동일한 템포, 속도, 리듬으로 움직여야 한다.

There are various stages that negotiations pass through. And there is a timing that needs to be followed regarding these stages. Different cultures emphasize some of these stages and de-emphasize others, and tend to move more quickly or more slowly from one to the other. But all follow the similar pattern (Foster, 1995: 240).

해석 협상에는 거쳐야 할 단계가 여러 개가 있다. 그리고 언제 그 단계수순을 따라야 하는 지에는 타이밍이라는 것이 있다. 문화마다 강조하는 단계와 강조하지 않는 단계가 다르며, 한 단계에서 다음 단계로 넘어갈 때에도 빨리 넘어가려는 경향이 있는 문화가 있고 또 천천히 넘어가려는 문화도 있다. 그러나 모든 문화는 공히 유사한 패턴을 따라 단계를 밟아가게 된다.

어휘 **regarding** ~에 관해 **emphasize** 강조하다 **de-emphasize** 강조하지 않다

All negotiations pass through 3 stages: (1) ritual sharing; (2) positioning; and (3) problem solving. The ritual sharing stage is the getting-to-know-each-other stage. It's the time spent on learning about each other, on revealing information, feelings, thoughts, etc. It is an attempt to establish a relationship, or at least, the minimal amount of trust necessary in order to proceed to stage two. If the need for relationship building is different on the two sides, the dance can begin to break down even before it gets started (Foster, 1995: 240).

해석 모든 협상가들은 "(1) 상견례의식 공유; (2) 입장 밝히기; (3) 문제해결"의 3 단계를 거친다. 상견례의식 공유 단계는 서로를 알아가는 단계이다. 이 시간은 서로에 대해 알고, 정보나 감정, 생각 등을 드러내는데 쓰인다. 이는 관계를 맺으려는 시도이거나, 아니면 적어도 두 번째 단계로 나아가는데 필요한 최소한의 신뢰를 만들려는 시도이다. 만약 관계 구축에 대한 필요가 쌍방이 다르다면, 그 춤은 시작도 전에 무너지기 시작할 수 있다.

어휘 **ritual** 의식 **reveal** 드러내다 **amount** 분량 **proceed** 앞으로 나아가다 **break down** 깨지다

Elaborate ritual sharing is an effort to establish, define and maintain the relationship. While relationships are solidified significantly by face-to-face encounters, they can also be built, nurtured, and maintained through long-distance communications (Foster, 1995: 241).

해석 정교한 상견례의식 공유는 관계를 정립하고, 정의하며, 유지하려는 노력이다. 얼굴을 맞대고 만남으로써 관계를 상당히 공고히 할 수 있지만, 먼 거리의 커뮤니케이션을 통해서도 관계를 구축하고, 배양하며 유지할 수 있다.

어휘 **elaborate** 정교한 **solidify** 굳건히 하다 **significantly** 상당히 **encounter** 만남
nurture 양육하다, 기르다

2 입장이 아니라 관심사와 니즈에 초점을 맞추라

협상의 두 번째 단계는 입장제시 단계로서, 쌍방이 현 상황에서 얻어낼 수 있는 최선의 것이 무엇인지를 각 자 내놓는 것이다. 협상가들은 서로의 입장제시를 통해 각자의 니즈, 생각, 바램 등을 알리게 된다. 우리가 상대방으로부터 이같은 정보를 이끌어 내려면 질문을 잘 해야 한다. 상대방이 방어적 자세를 취하게 만드는 질문은 삼가야 한다. 또한 현안 문제를 개인 문제화 하는 식의 질문이나 대화는 비생산적이므로 금해야 한다.

The better negotiators do not focus on positions. Instead, they look to the underlying needs that are often below the surface. The position is merely one way of stating how a need might be fulfilled. The position is one side's perception of how to best meet its underlying needs (Foster, 1995: 242).

해석 보다 훌륭한 협상가들은 입장에 초점을 두지 않는다. 그 대신 보통 표면 아래에 깔려있는 니즈를 주시한다. 입장이라는 것은 니즈가 어떻게 충족되는 지를 서술하는 한 방법일 뿐이다. 한 쪽이 입장이란 기저에 놓인 자신의 니즈를 어떻게 하면 가장 잘 만족시키느냐에 대한 인식인 것이다.

어휘 **look to** ~에 신경을 쓰다 **underlying** 기저에 놓인 **surface** 표면 **merely** 단지 **fulfilled** 성취된 **perception** 인지

여기에 문제는 사람들이 밑에 깔린 진짜 니즈를 쉽사리 드러내지 않는다는 것이다. 대부분 협상 당사자들은 서로 표층에 드러난 입장만 표명한다. 이때 노련한 국제협상가들은"커뮤니케이션의 고단수 기술"을 가진 자들로, 상대방으로 하여금 진짜 숨겨진 속내를 드러내도록 만든다.

Getting the other side to reveal its real needs to you and safely revealing your needs to the other side takes time, patience, trust, skill, and a well-tuned sensitivity to human behavior and communication (Foster, 1995: 248).

해석 상대방으로 하여금 여러분에게 자신의 진짜 니즈를 드러내게 만들고 여러분 또한 상대방에게 여러분의 니즈를 안심하고 드러내려면 일에는 시간, 인내, 기술, 그리고 인간의 행태와 커뮤니케이션에 대한

잘 조율된 민감성이 요구된다.

어휘 **Get A to B** A를 B하게 만들다 **take** 걸리다, 요구되다 **patience** 인내 **well-tuned** 잘 조율된 **behavior** 행태, 행위

The effective international negotiator knows how to probe, how to ask questions, and how to listen. These behavioral skills are also adapted to the cultural requirements of the participants at the table. Without probing, seeking information, and revealing information, there can be no understanding of underlying needs (Foster, 1995: 249).

해석 효율적인 국제협상가는 어떻게 탐색하고, 어떻게 질문하며, 어떻게 경청하는 지를 안다. 이러한 행위 기술로 그는 테이블에 나와 있는 상대방의 문화적 요건에 유연하게 대처할 수 있다. 캐묻는 탐색, 정보, 모색 그리고 그 정보를 드러내는 작업이 없이는 밑에 깔린 니즈를 이해할 수는 없다.

어휘 **probe** 탐색하다, 탐구하다 **adapt to** ~에 순응하다, 유연히 대처하다 **requirement** 요구사항 **participant** (협상)참가자

3 문화적 민감함을 유지하라

능란한 국제 협상가는 탐색하고, 질문하고, 응답하고 경청함에 있어서도 상대방의 문화에 알맞게 대처한다. 다음의 예를 보자.

What might be viewed as aggressive, attacking behavior in one culture might be seen as an acceptable way to seek information in another. Direct questioning of the French can be interpreted by Americans as threatening. Americans do not mean to threaten when they ask direct, personal questions of the Thais or Italians, yet these cultures can find American style threatening (Foster, 1995: 252).

해석 정보를 모색함에 있어 한 문화권에서 적극적이고 공격적으로 보이는 행동이 다른 문화권에서는 수용할 만한 방식으로 보일 수도 있다. 프랑스인의 직설적인 질문은 미국인들에게는 위협적인 것으로 해석된다. 미국인이 태국인이나 이태리인에게 직접적인 질문을 한다면 이런 문화권에서는 미국 스타일이 협박하려는 의도가 아닌데도 위협적으로 보인다.

어휘 **aggressive** 적극적인 **attack** 공격하다 **acceptable** 수용할만한 **interpret** 해석하다 **threaten** 위협하다

In some cultures, it is appropriate not to respond. Yet it may seem to Americans as if the other side is avoiding an issue, an answer, a decision. In those cultures where silence, aversion of eye contact or the avoidance of conflict is important, such behavior is considered very constructive in the development of a mutually collaborative atmosphere (Foster, 1995: 252).

해석 어떤 문화권에서는 대답을 안 하는 것이 적절하다. 그러나 이런 행동이 미국인에게는 문제, 대답, 결정 등을 회피하는 것처럼 보인다. 침묵, 눈 맞춤 회피, 갈등 회피 등을 중요하게 여기는 문화에서는 그러한 행동이 상호 협력적 분위기를 발전시켜 나가는데 매우 건설적이라고 간주된다.

어휘 **appropriate** 적절한 **aversion** 혐오 **avoidance** 회피 **conflict** 갈등 **mutually** 상호간에 **collaborative** 협력적인 **atmosphere** 분위기

How we provide information is also determined by culture. Some cultures are comfortable providing facts, statistics, numbers; some will reveal their interests and positions more philosophically; still others will talk about their feelings first. What information is revealed, and the order in which it is revealed, can vary from culture to culture (Foster, 1995: 253).

해석 우리가 정보를 어떻게 제공하느냐 또한 문화에 따라 정해진다. 어떤 문화에서는 사실, 통계, 수치 등을 제공하는 것이 편안한 일이다. 반면에 다른 문화에서는 사람들이 보다 더 철학적으로 자신들의 관심사와 입장을 밝힐 것이다. 그런데 또 다른 문화에서는 자신들의 감정을 맨 먼저 이야기 할 것이다. 무슨 정보를 어떤 순서로 드로내는가 하는 문제는 문화마다 다를 수 있다.

어휘 **statistics** 통계 **philosophically** 철학적으로 **order** 순서 **vary** 다양하다

CHAPTER

3 문화권 별 스타일

협상과정에 대한 최근 연구에서 문화가 다른 사람들 간의 협상에 대해 몇 가지 중요한 사실이 밝혀졌다. Geert Hofstede(1980)는 문화가 비즈니스에 미치는 영향과 그것이 협상에 주는 중요한 의미에 대해 연구했고, Stephen Weiss와 William Strip(1985)는 협상과정 자체에 미치는 문화가 어떤 영향을 미치는가에 대해 상당한 연구를 했다. 이제 Geert Hofstede(1980)가 규명한 "업무에 대한 태도"에 있어 문화적 차이를 보이는 4개의 큰 영역에 대해 알아보자.

1 업무 태도에 대한 문화적 차이의 4차원

A 힘의 거리감

이 차원은 개인들이 문화권마다 업무에 있어 권위와의 관계를 설정하는 방식을 말하고 있다. Hofstede(1980)가 연구에서 밝힌 것은 다음과 같다. 어떤 문화에서는 업무상 힘을 가진 자와 그 힘의 영향을 받는 자 사이의 거리가 여러 면에서 상당히 멀고(높은 거리감), 또 다른 문화권에서는 그 거리가 상당히 가깝다(낮은 거리감)는 것이다. 힘의 거리감이 높은 라틴아메리카, 아시아 그리고 일부 아랍 국가들에 비해, 미국은 뉴질랜드, 호주, 북구유럽, 독일 등과 더불어 상당히 힘의 거리감이 낮은 문화권이다.

High power-distance, for example, usually mandates respect for age and seniority. The style of management by the power holder can be paternalistic. Status is often ascribed, and the outward forms of status, such as protocol, formality, and rigid hierarchy, are regarded as important. In addition, decisions regarding appraisal and reward are usually based on personal judgements made by power-holders or by those connected to power-holders (Foster, 1995: 265).

해석 예를 들어, 높은 힘의 거리감은 연장자와 손위 사람에 대한 존경심을 절대 요구한다. 힘 가진 자의 경영 스타일은 가부장적일 수 있다. 지위는 당연히 주어지는 것이고, 의전, 격식 차리기, 엄격한 위계질서와 같이 겉으로 드러난 지위의 외양은 중요한 것으로 간주된다. 게다가 업적 평가와 보상에 관한 결정은 대체로 힘 가진 자 혹은 그와 연줄이 닿는 자의 개인적 판단에 바탕을 둔다.

어휘 **mandate** 명령[요구]하다 **seniority** 손위 사람 **paternalistic** 가부장적인
ascribe (성질 · 특징을) ~에 속하는 것으로 생각하다 **protocol** 의전 **rigid** 엄격한
hierarchy 위계질서 **are regarded as** ~로 간주되다 **regarding** ~에 관한
appraisal 업적평가 **connected to** ~에 연결된, ~와 줄이 닿는

A low power-distance culture would value competence over seniority and the style of management would be more consultative. Status would be more achievable, and the tone of communication would be much less formal, with an overt disregard of the importance of symbols of status, rank, and hierarchy. In addition, systems of appraisal and reward would be based on professional criteria and not personal judgement or connections (Foster, 1995: 265-266).

해석 힘의 거리감이 낮은 문화는 손위 사람이라는 사실보다 능력에 가치를 두려고 하고, 경영 스타일은 보다 협의적이다. 지위도 성취가 가능한 것이며, 커뮤니케이션의 어조도 훨씬 더 격식이 없고, 지위, 등급, 위계질서 등의 상징에 대해 공공연하게 무시한다. 게다가 평가와 보상 체계도 개인적 판단이나 연줄에 근거한 것이 아니라 전문성의 기준에 근거한다.

어휘 **value** 귀하게 여기다 **competence** 능력 **over** ~에 비해 **consultative** 협의하는
achievable 성취 가능한 **overt** 공공연한 **disregard** 무시 **criteria** 기준들

B 개인주의 대 집단주의

이 용어들은 문화적 개념으로서 서로 다른 문화권 사람들이 자신들의 업무와 관련해서 갖는 지향성을 지칭하는 것이다. 우리가 일을 하는 것이 개인적 이득 때문인가? 아니면 더 큰 집단인 가족 친지 회사, 나아가 국가를 위해 하는 것인가?

이 차원에서 Hofstede(1980)가 국가별로 살펴본 조사에 의하면, 미국이 가장 개인주의적 문화에 속하고, 그 뒤를 영국, 네덜란드, 프랑스, 스칸디나비아 삼국이 바짝 뒤쫓고 있다. 보다 집단주의적 문화권에는 라틴아메리카와 아시아가 속한다.

협상테이블에서 이러한 차원 상의 차이는 심각한 갈등을 야기할 수 있다. 결정에 대해 개인이 책임을 진다는 것이 개인주의 문화권에서는 쉽지만, 집단주의 문화권에서는 어렵다. 미국인들은 일본인이 협상테이블 자리에서 즉시 결정을 내려주기 기대하고, 일본인들은 미국인 협상 팀이 협상 자리에서 각 자 공개적으로 다른 목소리를 내는 것을 보고 놀란다.

Those cultures that are more individualistic subscribe to self-interest-oriented theories of work and economics. Individuals in these cultures are self-actualized and self-motivated, and their relationships with colleagues are based on self-interest. They are generally task-oriented, have a high comfort level with anonymity, and seek individual reward and appraisal (Foster, 1995: 267).

해석 보다 개인주의적 문화권 사람들은 일이나 경제활동이 자기이익 지향적이라는 이론에 동의한다. 이 문화권에서 개인은 스스로를 실현시키고, 스스로 동기부여를 하며, 동료와의 관계도 자기이익에 그 바탕을 둔다. 그런 사람들은 일반적으로 업무 지향적이고, 익명성에 대해 상당히 편안해 하며, 개인적 보상과 업적평가를 추구한다.

어휘 **subscribe to** ~에 동의하다 **self-actualized** 스스로 실현시키는
self-motivated 스스로 동기부여를 하는 **colleague** 동료 **task-oriented** 업무 지향적
anonymity 익명성

In contrast, those cultures that are more collective subscribe to group-oriented theories of work and economics. People there are motivated by the desire to advance the interests of the group. Their relationships with colleagues are based on mutual self-interest. They are emotionally dependent on the success of the group, and they seek reward for the group(Foster, 1995: 267).

해석 대조적으로, 보다 집단적인 문화권은 일이나 경제활동이 집단이익 지향적이라는 이론에 동의한다. 그들은 집단의 이익을 증진시키려는 욕망으로 동기부여 받는다. 동료와의 관계도 상호적인 자기이익에 그 바탕을 둔다. 그들은 집단의 성공에 감정적으로 의존하며, 집단에 대한 보상을 추구한다.

어휘 **In contrast** 대조적으로 **advance** 증진하다 **mutual** 상호의

C 불확실성의 회피

이 차원은 문화가 다른 사람들이 불확실성이 있을 때 이를 편하게 느끼는 지 혹은 불편하게 느끼는 지를 알아보는 것이다. 어떤 문화에서는 사람들이 흔히 애매하고 불확실하며 예측할 수 없는 혹은 위험이 있는 상황을 피하려고 한다. Hofstede(1980)는 이를 "높은 불확실성의 회피" 문화권이라 명명한다. 반면에 다른 문화에서는 위의 상황에 대해 일반적으로 보다 편안하게 느낀다. Hofstede(1980)는 이를 "낮은 불확실성의 회피" 문화권이라 명명한다.

High avoidance of uncertainty can mean that decisions are made slowly and carefully, after much consideration of all possible details, often by many people. Low avoidance of uncertainty can mean that there is a lot more shooting from the hip, a lot more "gut-level" decision-making, with fewer people involved and less information required; low risk-avoidance moves fast, takes risks, and bounces back(Foster, 1995: 268).

해석 높은 불확실성의 회피란 결정을 내릴 때 종종 많은 사람들이 모든 가능한 세부사항을 다 고려한 후 느리게 그리고 주의 깊게 내린다는 의미이다. 낮은 불확실성의 회피란 충동적 언동, "직감 차원"의 결정내리기 등이 훨씬 많은 반면 결정과정에 개입되는 사람의 수도 적고 요구되는 정보도 적다는 것을 의미한다. 낮은 불확실성의 회피 문화권 사람들은 동작이 빠르고 모험을 감수하며, 즉각적인 반향을 보인다.

어휘 **consideration** 고려 **shooting from the hip** 충동적인 언동을 하기, 생각 없이 행동하기
gut 직감, 본능, 감정 **involved** 개입된 **take risks** 모험(위험)을 감수하다
bounce back 튀어 오르다

People in high-uncertainty-avoidance cultures need lots of formal bureaucratic rules in order to feel comfortable. For people in these cultures, the rules are meant to be followed; there is often a low tolerance for differences and ambiguity, and a tendency to reveal thoughts, feelings, and emotions only carefully, if at all (Foster, 1995: 268-269).

해석 불확실성의 회피가 높은 문화권 사람들은 격식 있는 관료주의적 규칙이 있어야 편안해 한다. 이 문화권 사람들에게는 규칙이란 따라야 되는 것이다. 상이하고 불확실한 것에 대한 참을성이 낮고, 생각, 느낌, 감정을 꼭 드러내어야 한다면 아주 조심스레 하는 경향이 있다.

어휘 **bureaucratic** 관료주의적인 **tolerance** 인내심 **tendency** 경향 **if at all** 있다고 해도

In contrast, people in low-uncertainty-avoidance cultures can dislike hierarchy. They find it inefficient and destructive. For people in these cultures, things move fast. There is more tolerance, even acceptance, of ambiguity and differences; and thoughts and feelings, in the form of information and emotion, are usually more freely expressed (Foster, 1995: 269).

해석 대조적으로, 불확실성의 회피가 낮은 문화권 사람들은 위계질서를 싫어할 수 있다. 그들은 이것이 비효율적이고 파괴적이라고 알고 있다. 이 문화권 사람들에게는 모든 일이 빠르게 진행된다. 애매함과 상이함을 더 참고, 받아드리기까지 하며, 대체로 생각과 느낌을 정보와 감정이라는 형태로 보다 더 자유롭게 표현한다.

어휘 **dislike** 싫어하다 **inefficient** 비효율적인

D 남성적 문화 대 여성적 문화

Hofstede(1980)의 분류에 의하면, 문화의 일정한 특성이 남성과 여성이라는 성별과 어느 정도 연관성이 있다는 것이다. 자기주장과 업무지향을 중시하는 문화권을 남성 문화권, 타인배려와 관계지향을 중시하는 문화권을 여성 문화권이라 칭하는 차원이다.

남성적 문화권은 "일하기 위해 산다."는 논리를 펴고, 여성적 문화권은 "살기위해 일을 한다."라는 논리를 편다. 남성적 문화권은 출세 지향적이고, 여성적 문화권은 주어진 상황을 받아드리며 그 속에서 삶의 질을 추구한다. 업무 스타일에 있어서도 남성적 문화권은 보다 경쟁적이고, 여성적 문화권은 보다 협력적이다.

Hofstede(1980)의 조사에 의하면, 가장 남성적 문화권은 업무 중심이 매우 강한 일본이며, 그 뒤를 멕시코와 일부 남미국가들이 잇고 있다. 미국은 우리가 생각하는 것만큼 남성적 문화권이 아니었다. 가장 여성적 문화권은 스칸디나비아 삼국이었다.

이제 업무를 남성적 시각으로 보는가 아니면 여성적 시각으로 보는가의 문화적 차이를 보여주는 다음 협상 대화를 보자. Gary는 미국 화학제품 제조업체를 대표하여 스웨덴에 와서, 그의 스웨덴 구매자인 Peter와 협상 중이다. 지금 Gary는 점차 인내심을 잃어가고 있다.

(예) 남성적 문화권과 여성적 문화권의 충돌

Peter: We have requirements here in Sweden that prevent me from buying your company's chemicals unless you can prove that you have not contributed to the degradation of the environment in the manufacture of these chemicals. I will need an affidavit from your company stating this.

Gary: I did not expect to have to provide such data before I came over from the States. I just want to close what looks like a simple, straightforward deal.

Peter: It's OK if you don't have that information ready now. We are in no rush really. We've done business with your company before, and we'll do more together, I'm sure. Besides, I'm taking 4 months off for paternity leave to be with my new baby, so my wife can return to her work. Why don't we talk again in about 6 months? By then I'll be back at work, and you'll have had time to get the necessary papers together.

출처: Foster (1995: 270)

해석 Peter: 여기 스웨덴에는 귀사가 이 화학제품 제조로 환경이 악화된 것은 아니라는 사실을 증명하지 못하면 저로 하여금 귀사의 제품 구매를 못하게 하는 요구조건들이 있습니다. 이 사실을 기재한 귀사의 증명서가 필요할 겁니다.

Gary: 미국에서 이리로 넘어오기 전에 그런 자료를 구비해야 하는 지 예상도 못했습니다. 저는 그저 보기에도 아주 간단하고 쉬운 이 거래를 마무리 짓고 싶습니다.

Peter: 지금 그 자료가 없으셔도 괜찮습니다. 사실 우리 그렇게 서둘 필요는 없습니다. 우리는 귀사와 그 전부터 거래를 해왔고, 앞으로도 함께 더 할 텐데요. 그럼요. 그런데 말씀이죠, 제가 4개월간 육아 휴가를 가질 겁니다. 새로 태어날 아기를 돌보려고요. 그래야 제 아내가 직장으로 돌아갈 수 있습니다. 한 6개월 후 우리 다시 이야기해 보면 어떻겠습니까? 그때쯤이면 저도 근무지로 돌아와 있을 거고, 귀하도 필요한 서류를 구비할 시간도 갖게 될 겁니다.

어휘 **requirement** 요구사항 **prevent me from** 내가 ~하는 것을 막다 **chemical** 화학제품 **contribute to** ~에 기여하다 **degradation** 질적인 악화 **affidavit** 보증서 **stating** 진술하는 **straightforward** 일이 수월한 **in no rush** 서두를게 없는 **Besides** 그 외에도 **take off** 휴가를 가다 **paternity leave** (맞벌이 부부의 남편이 얻는) 아버지의 출산 · 육아 휴가

2 문화권 별 협상에 대한 기본 개념

협상이라는 개념의 정의도 문화권 마다 차이가 있다. 협상의 의미 혹은 목적에 협상 당사자들의 문화적 차이가 있으면 이는 협상 자리에 나오기도 전에 협상 자체에 큰 영향을 미친다. 예를 들어, 미국인들은 종종 흥정을 통해 문제 해결이라는 결과물을 기대하면서 회의장에 첫 발을 들여 놓는다. 그러나 일본인들에게는 너무 빨리 흥정을 하는 것이 불신의 신호가 될 수도 있다.

"맥락"이라는 단어는 계약서의 세부사항들과는 상관없이 쌍방이 관계에 대해 부과하는 중요성의 정도를 나타낸다. 협상에서 관계를 우선으로 중요시 여기면 우리는 그것을 고맥락 협상이라 부른다. 거래 자체를 제일 중요한 일로 간주하면 그것은 저맥락 협상이라 부른다. 고맥락 문화권에서부터 저맥락 문화권까지를 순서대로 살펴보면, 동양, 중동, 러시아, 스페인, 이태리, 프랑스, 영국, 미국, 스칸디나비아, 스위스의 순이다.

The deal is not the major issue to non-Americans. They put far more trust in the relationship between the parties. Non-Americans may take days, weeks, or even months before they feel comfortable moving from the getting-to-know-you stage to the point where they feel good about doing business (Dawson, 1999: 214).

해석 비 미국인들에게는 거래가 주요 현안이 아니다. 그들은 쌍방 간의 관계에 더 많은 신뢰를 부여한다. 비 미국인들에게는 서로를 알아가는 단계에서 비즈니스를 하기에 편안해지는 시점까지 오는데 몇 날, 몇 주, 아니 몇 달이 걸릴 수도 있다.

어휘 **party** 관계자, 당사자

On the other hand, nobody gets down to business faster than Americans do. Typically Americans exchange a few pleasantries to ease any tension and then get right down to hammering out the details of the deal. Americans socialize afterwards.

해석 반면에 미국인보다 더 빨리 본격적으로 일에 착수하는 사람들도 없다. 전형적으로 미국사람들은 긴장감을 풀기위해 몇 마디 즐거운 농담을 나누고 나서는 곧바로 요점으로 들어가 거래의 세부사항들을 해결하려든다. 미국인들은 그 후에 사교를 한다.

어휘 **get down to business** 본격적으로 일에 착수하다 **Typically** 전형적으로 **pleasantry** 농담 **ease** 완화시키다 **tension** 긴장감 **get right down to** 바로 요점으로 들어가다 **hammer out** (문제 · 곤경 따위)를 해결[타개]하다, (견해차 따위)를 해소하다 **socialize** 교제하다

Americans tend to view negotiations as a competitive process of offers and counter-offers, while the Japanese view the negotiation as a collaborative process of "information-sharing" and "mind-meeting", which can mandate several meetings before substantive issues are even discussed (Foster, 1995: 272).

해석 미국인들은 협상을 제안 및 맞제안의 경쟁적 과정으로 보는 경향이 있는 반면, 일본인들은 협상을 "정보 공유"와 "마음이 만나기"의 협력적 과정으로 간주하므로, 일본인들에게는 본질적 문제의 논의에 앞서 여러 번의 모임이 필요하다.

어휘 **competitive** 경쟁적인 **offer** 제안 **counter-offer** 맞제안 **mandate** 명령, 요구하다 **substantive** 본질적인

아랍이나 서남아시아 문화권에서는 공격적인 흥정이 별 문제가 되지 않는다. 하지만 이 흥정도 가치, 정직성, 개인적 장점 등을 상호 인지한 바탕 위에서 깊은 개인적 관계를 구축해가는 과정을 의미한다. 따라서 공격적인 흥정을 불편해 하는 스칸디나비아 사람들이 사우디 사람들과 협상할 때 심각한 문화적 충돌이 발생할 수 있다. 이제 다음 영문을 보자.

Saudis will often open with a price much higher than the one they will ultimately settle for. Scandinavians will put forward a price often very close to what they will ultimately settle for. The Scandinavians mistrust the Saudis, and the SAudis think the Scandinavians are not serious about negotiating (Foster, 1995: 273-274).

어휘 사우디 사람들은 종종 그들이 궁극적으로 받아드릴 가격보다 훨씬 높은 가격으로 흥정을 개시한다. 스칸디나비아 사람들은 궁극적으로 받아드릴 가격에 매우 가깝게 가격을 부른다. 스칸디나비아 사람들은 사우디 사람들을 불신하고, 사우디 사람들은 스칸디나비아 사람들이 협상에 진지하지 않다고 생각한다.

해석 **Saudis** 사우디 사람들 **ultimately** 궁극적으로 **settle for** 받아들이다, 참다
Scandinavians 스칸디나비아 사람들 **put forward** 내놓다 **mistrust** 불신하다

협상을 경쟁적인 것으로 보느냐 아니면 협력적인 것으로 보느냐 하는 것도 문화권 마다 차이가 있듯이, 갈등에 대한 대응 태도 역시 문화마다 차이가 있다. 이번에도 영문을 통해 좀 더 알아보자.

Americans tend to accept conflict as inherently natural to the negotiation; they expect both sides to "struggle" for what they want, one side getting its way, if necessary, at the expense of the other. Americans tend to view conflict as functional, and respond to conflict directly and confrontationally. The French, with their very keen appetite for "conflict", view negotiation as a highly competitive process, perhaps even more than do the Americans (Foster, 1995: 274).

해석 미국인들은 갈등이 협상에 본질적으로 당연한 것으로 받아드리려는 경향이 있다. 그들은 쌍방이 각 자원하는 것을 얻기 위해 "전력을 다한다."고 예상하며, 필요하다면 한 쪽은 상대방을 희생해서라도 자기 갈 길을 간다는 식이다. 미국인들은 갈등을 기능적인 것으로 보고 이에 직접적이고 대결하듯 대응한다. "갈등"에 대해 아주 예리한 욕구를 가지고 있는 프랑스인들은 협상을 고도의 경쟁적 과정으로 보는데, 이는 아마 미국인들보다도 더 그러하다.

어휘 **inherently** 본래부터 타고나기에 **natural** 당연한
struggle (~하려고) 전력을 다해서 하다, 애쓰다 **at the expense of** ~의 대가로, ~를 희생하여
functional 기능적인 **confrontationally** 대결하듯이 **keen** 예리한 **appetite** 욕구, 욕망

In the effort to maintain harmony, to avoid conflict at the table, the Japanese will employ indirect and avoidant behavior. They will also place priority on face-saving, status acknowledgement, and the establishment of an ongoing system of mutual obligation and expectation (Foster, 1995: 274).

해석 협상자리에서 조화를 유지하고 갈등을 피하려는 노력으로, 일본사람들은 간접적이고 회피적인 행동을 취할 것이다. 그들은 또한 체면 차리기, 지위 인정, 상호 의무이행과 기대라는 지속적인 시스템 확립에 우선순위를 둘 것이다.

어휘 **In the effort to** ~할 노력으로 **employ** 사용하다, 취하다 **place priority on** ~에 우선순위를 두다 **face-saving** 체면 살리기 **acknowledgement** 인정 **obligation** 의무이행

3 협상가 선정의 문화권 별 차이

쌍방이 협상을 시작하기도 전에 그 협상과정에 영향을 미치는 또 다른 측면은 문화마다 자신들의 협상할 대표자를 선정하는 기준들, 즉 성별, 능력, 경험, 지위, 나이, 개인 특성 등에 차이가 있다는 점이다.

The Japanese choose their chief negotiators on the basis of seniority and status in addition to gender, and hence, these people may not be the ones most informed about the details necessary to make a decision. In fact, their assistants may be better equipped with the facts to respond to your question. However, assistants are not usually empowered to approve decisions (Foster, 1995: 275).

해석 일본사람들은 자기네 주 협상대표를 성별 이외에 연고순위 및 지위에 근거하여 선정하므로, 이들은 결정을 내리는 데 필요한 세부사항에 대해 가장 잘 알고 있는 사람아 아닐 수도 있다. 사실, 그들의 보좌관들이 여러분의 질문에 대해 응대할 사실들을 더 잘 갖추고 있을지도 모른다. 그러나 보좌관들은 대개 결정을 승인할 권한이 없다

어휘 **on the basis of** ~을 근거로 **seniority** 선임[연공] 순위, 근속 연수 **hence** 따라서
informed 정보를 갖고 있는, 알고 있는 **equipped with** ~를 갖추고 있는
empowered 권한이 있는

Americans typically choose their negotiators on the basis of their substantive knowledge of the issues at the table and on their negotiating experience, and hence, the gender or age of the negotiator can be incidental (Foster, 1995: 275).

해석 미국인들은 전형적으로 그들의 협상가를 현안 문제에 상당한 지식과 협상 경험이 있는 가를 기초로 하여 선정하므로, 협상가의 성별이나 나이는 부차적일 수 있다.

어휘 **substantive** 상당한, 중요한 **incidental** 부수적인, 이차적인

Negotiators are sometimes selected because of their connections, their family, government or business ties. In Latin America, a chief negotiator selected may be the one that has little grasp of the issues but is at the bargaining table because of his relationship with key industrial or political figures. Expecting immediate answers, carefully considered proposals, or even meaningful discussion of substantive issues under these circumstances would clearly be a mistake (Foster, 1995: 277).

해석 때때로 협상가들은 그들의 인맥, 가족관계, 정부와 업계와의 연계 때문에 선정된다. 라틴아메리카에서는 선정된 대표 협상가가 전혀 현안에 대해서는 아는 바가 없지만, 주요 업계 혹은 정계 인물들과의 인맥 때문에 협상테이블에 나와 있는 인물일 수도 있다. 이런 상황 하에서 즉각적인 답, 주의 깊게 고심한 제안서, 혹은 주요 문제에 대한 의미 있는 토론 등을 기대한다는 것은 분명한 실수가 될 것이다.

어휘 **connection** 인간관계, 연줄 **grasp** 파악, 이해 **figure** 인물 **immediate** 즉각적인
circumstance 여건, 상황

In France, and especially in the extremely class-conscious United Kingdom, negotiators are often selected according to their schooling. Schooling and social class in France, and in other parts of Europe as well, quite often determine who conducts business. In general, status is highly respected throughout Europe, and an indicator of status (or its absence), be in the form of an expensive car, a university degree, or a title on your business card, can carry a lot of weight (Foster, 1995: 277).

해석 프랑스에서, 그리고 특히 극도로 계급의식이 있는 영국에서, 협상가들은 종종 그들의 출신학교에 따라 선정된다. 프랑스와 유럽 일부 국가에서는 학연과 사회적 계급에 따라 누가 비즈니스를 수행할 것인가를 결정하는 것이 흔한 일이다. 프랑스와 그리고 일반적으로 전 유럽에 걸쳐, 사회적 지위는 존중되고, 고급 승용차, 대학교 학위, 명함에 있는 직급 등 사회적 지위를 가리키는 (혹은 그런 지위가 없음을 보여주는) 지표가 상당한 무게를 싣고 있다.

어휘 extremely 극도로 class-conscious 계급을 의식하는 according to ~에 따라 schooling 학교 교육 indicator 지표 absence 결여

4 문화권 별 커뮤니케이션 유형

커뮤니케이션의 70%는 비언어적으로 일어난다. 미국은 언어적 커뮤니케이션이 강한 문화권이고, 일본은 비언어적 커뮤니케이션이 강한 문화권이며, 그 양 극 사이에 여러 나라가 위치한다. Hall(1973)에 의하면, 고맥락 문화권에서는 개인에 관한 정보 (그리고 따라서 개인과 집단 행위 모두)가 단어, 제스처, 몸짓언어, 침묵, 개인 간의 공간, 발언 속도, 발언자 간의 기다려주는 시간(inter-speaker space) 등을 통해 제공된다.

고맥락 문화권에서는 상대방의 발언을 이해하려면 누가 누구에게 어디서 어느 맥락에서 어느 정도의 격식을 갖추고 발언 한 것인지를 알아야 한다. 이런 정보는 그 집단에 속하지 않은 외부인에게는 이해하기가 쉽지 않고, 따라서 말의 행간의미를 알아차리기가 어렵다.

반면에 저맥락 문화권에서는 행위 정보가 주로 단어를 통해 명백히 전달된다. 미국은 커뮤니케이션에 있어서도 저맥락 문화권이므로, 단어와 표현들이 어느 상황에서나 같은 의미를

지닌다. 따라서 이 문화권 밖의 사람들도 발언을 통해 쉽게 그들의 의도를 읽어낼 수 있다.

High-context cultures contain and rely on many elements of non-verbal behavior, while low-context cultures rely more or less on verbal communication. Low-context individuals are sometimes quite confused by the ambiguity contained in the spoken or written answers of high-context individuals, for high-context individuals are perhaps communicating more information (possibly even contrary information) non-verbally. Each side's inability to accurately "read" the other can cause misunderstandings at the negotiating table (Foster, 1995: 280-281).

해석 고맥락 문화권은 비언어적 행태요인을 많이 갖고 있고, 또 이에 의존한다. 반면에 저맥락 문화권은 다소간 말로 이루어지는 커뮤니케이션에 의존한다. 저맥락 문화권 사람들은 고맥락 문화권 사람들의 구두 혹은 문서상의 답변에 담겨있는 애매모호함으로 인해 때때로 상당한 혼란을 겪는다. 이는 고맥락 문화권 사람들이 아마도 비언어적으로 더 많은 (아마도 정반대까지도 되는) 정보를 전하기 때문이다. 상대방을 정확히 "읽는" 능력 부재는 협상 테이블에서 오해를 불러일으킬 수 있다.

어휘 **High-context** 고맥락 **rely on** ~에 의존하다 **element** 요소
non-verbal behavior 비언어적 행태 **low-context** 저맥락 **more or less** 다소간
verbal 말로 하는 **contrary** 반대되는 **inability** 무능력 **accurately** 정확하게

5 문화권 별 의사결정 시스템

의사결정 도출 과정도 문화권이 집단주의적인가 개인주의적인가에 따라 맥을 같이 한다. 집단주의적이라면 만장일치에 의한 결정인가? 아니면 대다수에 의한 결정인가? 개인주의적이라면 한 사람에게 집중된 것인가? 아니면 조직 내 모든 사람들에게 분산된 개인 결정권인가?

In Japan, decisions have almost always been made by consensus. The information exchanged at the table must be taken back to all parties concerned and decided upon in many mini-meetings among themselves. Although the decision-making time in Japan may seem extremely long, once the decision is made, implementation is usually quite rapid, since all concerned with the project are already familiar with it (Foster, 1995: 290).

해석 일본에서는 의사결정이 거의 늘 만장일치로 이루어진다. 협상테이블에서 나누었던 정보를 관계자 모두에게 가져가서, 자기네들끼리 소규모 회의를 여러 번 하고나서 결정한다. 일본에서는 의사결정 시간이 아주 오래 걸리는 것처럼 보이지만, 일단 결정이 나면, 집행은 대체로 신속하다. 해당 프로젝트의 관계자 모두가 이미 그 일에 대해 훤히 알고 있기 때문이다.

어휘 consensus 만장일치 all parties concerned 관계 당사자 모두 implementation 집행 rapid 신속한

Americans may make decisions more quickly and directly at the table, but then the project, once decided upon by the top, must move back down through organization, getting everyone's "buy-in", understanding, and compliance (Foster, 1995: 290).

해석 미국인들은 결정을 보다 빨리 그리고 협상자리에서 직접 내리지만, 일단 맨 위에서 결정이 나면, 해당 프로젝트는 조직 내 아래로 죽 내려가서 모든 사람들의 동의, 이해, 응낙을 받아야 한다.

어휘 buy-in 매입, 의견 등을 받아들임 compliance 응낙, 순종

France is highly centralized in business decision making, as are many Latin cultures. Chinese decision making can be a unique situation, because of the fact in part that there have developed over the millennia several parallel bureaucracies: the current government bureaucracy and the local, historically determined bureaucracies. The whole purpose of the bureaucracy in China is to diffuse decision making so that responsibility is difficult to locate (Foster, 1995: 291).

해석 프랑스는 많은 라틴아메리카 국가들처럼 사업결정이 상당히 중앙집권적이다. 중국의 의사결정 상황은 독특하다. 수 천년동안 여러 개의 관료구조 즉, 현 정부의 관료조직, 지방정부 관료조직, 역사적으로 정해져 온 관료구조 등이 병렬적으로 발달해 온 것이 그 부분적 이유이다. 중국 관료주의의 총체적 목적은 의사결정을 분산시켜 책임소재를 찾기 어렵게 하는 것이다.

어휘 **centralized** 중앙집권화 된 **unique** 독특한 **in part** 부분적으로 **millennia** 수 천년 **parallel** 병행된 **current** 현재의 **diffuse** 분산시키다 **locate** 소재를 파악하다, 위치하다

6 문화권 별 합의의 본질

의사결정의 기준이 문화권마다 다르다. 미국인들은 합리적이고 상세한 정보를 제시하면 상대방이 합의 할 것이라고 믿는다. 멕시코에서는 명백하고 합리적인 논쟁을 중요하게 여기지만, 궁극적으로 그 멕시코인들이 여러분과 합의를 보았다면, 이는 여러분이 그들의 명예와 자긍심에 호소한 점이 더 효과가 있었을 것이다. 아랍 문화권에서는 "한 가족"으로 여겨지면서 신뢰를 얻어야 합의를 도출하기 쉽다.

최종 합의의 형태에 있어서도 문화권마다 상당한 차이가 있다. 오늘날 대부분의 중요한 비즈니스는 어느 정도의 격식을 요한다. 그러나 그 격식의 정도 역시 문화마다 상당히 차이가 있다.

Americans usually wrap up the agreements in 500-page tomes written by their attorney, detailing every legal possibility that may arise. Americans tend to view the negotiation process as ending when the agreement is reached (Foster, 1995: 292).

해석 미국인들은 자신들의 변호사가 작성한 500 쪽에 달하는 두툼한 한 권의 책 같은 문서로 협상을 마무리 한다. 이에는 일어날지도 모를 모든 법적 가능성을 상세히 적혀있다. 미국인들은 협상과정을 합의가 도출되는 즉시 종결되는 것으로 본다.

어휘 **wrap up** 마무리하다 **tome** (방대한 책의) 한 권 **attorney** 변호사 **legal** 법적인

In many countries, the final form of an agreement may be a brief written synopsis of the outcome of the negotiation. It may be a simple statement of intent. The Chinese are fond of issuing "memorandums of understanding", which are the statements about the "spirit" of the agreement. The Chinese see the reaching of an agreement as just the beginning of the negotiation (Foster, 1995: 292).

해석 다른 많은 나라에서는 합의의 최종 형태는 협상 결과를 간략히 적은 요약본일 수도 있다. 그것은 간단한 의향서일 수도 있다. 중국인들은 양해각서 발급을 즐기는데, 이는 합의의 "정신"을 진술한 것이다. 중국인들은 합의에 도달한 것을 이제 겨우 협상이 시작된 것이라고 본다.

어휘 **synopsis** 요약 **outcome** 결과 **a statement of intent** 의향서 **are fond of** ~을 좋아하다 **issue** 발급하다 **memorandums of understanding** 양해 각서(MOU)

CHAPTER

4 국가 별 협상스타일

1 미국인의 협상 특성

Americans tend to be very direct in communication, and seldom beat around the bush. To non-Americans it may seem too abrupt and such bluntness may offend them. Americans want to blitz the negotiations, cut the deal and wrap them up quickly (Dawson, 1999: 226).

해석 미국인들은 커뮤니케이션이 직설적이고, 거의 빙빙 겉도는 경우가 드물다. 비 미국인에게 이것은 너무 퉁명스럽게 보이고, 이러한 무뚝뚝함이 그들의 마음을 상하게 할지도 모른다. 미국인들은 협상을 전격적으로 처리하고, 거래를 종결시키며, 빨리 마무리 하기를 원한다.

어휘 **beat around the bush** 빙빙 돌려 말하다 **abrupt** 퉁명스러운 **bluntness** 무뚝뚝함
offend 마음을 상하게 하다 **blitz** 전격적으로 공격하다, 맹공격하다
cut the deal 거래를 종결시키다 **wrap up** 마무리 짓다

Americans are more likely to negotiate alone, fully empowered to do business. Then when he is led into the negotiating room he finds that he is faced with a team of 10 or 12 from the other side (Dawson, 1999: 226-227).

해석 미국인들은 비즈니스를 하기위해 전권을 위임받아 홀로 협상하러 나올 가능성이 많다. 그리고 협상장소로 안내받아 들어와서는 10명 혹은 12명으로 된 한 팀의 상대방과 마주하게 된다는 것을 알게 된다.

어휘 **are likely to** ~하기 쉽다 **empowered** 권한을 부여받다 **is faced with** ~에 직면하다

Non-Americans may interpret a lone negotiator as "They are not serious about making a deal at this meeting because if they've only sent one negotiator. This must be only a preliminary expedition." Or non-Americans get the impression that the American is merely gathering information to take back to his team of negotiators (Dawson, 1999: 226-227).

해석 비 미국인들은 혼자 단독으로 나온 (미국 측) 협상가를 보고, "협상할 사람을 한명만 보내다니 저쪽은 이 회의에서 진지한 거래를 할 생각이 없는 것이야. 이건 단지 사전 탐색이구먼."이라고 해석할 수도 있다. 혹은 비 미국인들은 미국의 단독 협상가가 자기 협상 팀에게 가져갈 정보를 수집하러 이 자리에 나온 것뿐이라는 인상을 받는다.

어휘 interpret 해석하다 lone 단독의 preliminary expedition 예비[사전]의 탐색
impression 인상 merely 단지 gather 모으다

Americans are uncomfortable with emotional displays. The English are the most uncomfortable of course, but Americans also see displaying emotions in public as a weakness. This fear of an emotional reaction causes Americans to be tentative in their negotiations with non-Americans, and if the other side does explode with anger at one of American's proposals, Americans tend to overreact (Dawson, 1999: 227).

해석 미국인들은 감정 드러내는 것을 불편해 한다. 물론 영국인들이 제일 불편해 하는 사람들이지만, 미국인들 역시 공개적인 감정표출을 약점으로 간주한다. 감정적 반응에 대한 이 같은 두려움은 미국인들로 하여금 비 미국인들과의 협상을 시험 삼아 하는 잠정적인 것으로 만들어 버린다. 만약 미국인의 제안 중 하나에 대해 상대방이 화를 내며 격발하면, 미국인은 과잉반응을 보이는 경향이 있다.

어휘 display 감정 · 성질 등을 나타내기, 드러내기 The English 영국인들 in public 공개적으로
tentative 시험 삼아 하는, 주저하는 explode 감정이 격발하다 overreact 과잉반응을 보이다

Americans are uncomfortable with silence. They hate silence. Particularly to Asians who are comfortable with periods of meditation, this impatience appears to be a weakness. After an extended period of silence, the next person to talk loses. The next person to open his/her mouth will make a concession (Dawson, 1999: 229).

해석 미국인들은 침묵을 불편해 한다. 그들은 침묵을 몹시 싫어한다. 명상의 시간을 편안해 하는 아시아인들에게는 특히 이 같은 참을성 결여는 약점으로 보인다. 긴 침묵이 흐른 후 바로 발언하는 자가 진다. 자기 입을 먼저 연 사람이 양보를 하게 될 것이다

어휘 **Particularly** 특히 **meditation** 명상 **extended** 연장된 **make a concession** 양보하다

2 비 미국인의 협상 특성

여러분은 다음과 같은 두 가지 농담을 들어본 적이 있는가?

"천당에 있는 식당에는 지배인은 독일인, 식당의 급사장은 프랑스인, 웨이터는 영국인, 요리사는 이태리인인데, 지옥에 있는 식당에는 지배인은 이태리인, 급사장은 독일인, 웨이터는 프랑스인, 요리사는 영국인 이다."

"천당에는 독일인 기계공, 스위스인 호텔주인, 프랑스인 주방장, 이태리인 애인, 영국인 경찰관이 있고, 지옥에는 이태리인 기계공, 프랑스인 호텔주인, 영국인 주방장, 스위스인 애인 그리고 독일인 경찰관이 있다."

물론 이것은 고정관념이지만, 국제협상에 있어서는 국민성에 따른 비즈니스의 특성을 무시해서도 안 된다. 이제 각 나라 국민들의 협상 특성을 살펴보자.

A 영국인

English people prefer to be called English, not British. Part of this sensitivity comes from massive immigration problems. Until 1960s, any one who was born in one of the colonies (which included 60% of the land surface of the Earth at one time.) carried a British passport and was free to immigrate to England. If one is British, English people think that he/she might be from just about anywhere (Dawson, 1999: 230).

해석 영국 사람들은 British 인이 아니라 English 인이라 불리는 것을 선호한다. 이 같은 민감함의 일부분은 대대적인 이민의 문제에서 나온다. 1960년대까지 (한 때 지구 육지 표면의 60%를 포함했던) 영국 식민지 중 한 곳에서 태어난 사람이면 누구나 British 여권을 지녔고, 영국으로 자유롭게 이주해왔다. 만약 어떤 사람이 British라면, English 사람들은 그가 그저 지구상 어디 출신이겠거니 라고 생각 한다

어휘 **prefer to** ~를 선호하다 **immigration** 이민 **colony** 식민지 **surface** 표면
immigrate 이민해오다

Make appointments well in advance. Be punctual, but never early. The English are excessively polite. If someone on a crowded train started to play a saxophone off key, it is unlikely that anyone would protest. In America, that person would be yelled down. They are too polite to protest (Dawson, 1999: 231).

해석 약속은 훨씬 미리 잡아두라. 시간은 엄수하되 절대 일찍은 안된다. 영국인들은 지나치게 친절하다. 만약 만원 기차 속에서 누군가가 음도 맞지 않게 색소폰을 분다 해도 항의하는 사람은 없을 가능성이 크다. 미국 같았으면 그 사람은 사람들의 악을 쓰는 아우성에 기죽었을 것이다. 그들은 항의하기에는 너무 친절하다.

어휘 **well in advance** 훨씬 미리 **punctual** 시간을 엄수하는 **excessively** 지나치게
off key 음정이 맞지 않은 **unlikely** ~할 것 같지 않은 **yell** 큰소리를 지르다

English is still a very class-conscious society, especially with older people. If they are evasive about where they live, for example, don't press them because they may feel self-conscious about living in a working-class suburb (Dawson, 1999: 231).

해석 영국은 아직도 매우 계급을 의식하는 사회이다. 특히 나이 든 사람들은 더하다. 예를 들어, 만약 자기가 사는 곳을 알려주지 않고 회피한다면 강요하지 말라. 자기가 노동자들이 사는 교외에 산다는 것에 자격지심을 갖을지도 모르기 때문이다

어휘 **class-conscious** 계급을 의식하는 **evasive** 회피하는

The English people do not feel at all comfortable talking to strangers in the same way that Americans do. The proper way to initiate a conversation with strangers in England is to mention the weather with an innocuous comment such as "Nice day today./Might get some rain." They will respond with an equally innocuous response such as "My roses need some rain./Wouldn't be surprised to see rain at this time of year." (Dawson, 1999: 232).

해석 영국인들은 미국인들이 하는 방식대로 낯선 사람과 이야기 하는 것을 매우 불편하게 여긴다. 영국에서 낯선 사람과 대화를 시작하는 적절한 방법은 "오늘 날씨가 좋군요./비 좀 오겠군요." 등의 불쾌감을 주지 않는 코멘트로 날씨를 언급하는 것이다. 그 들은 "우리 집 장미도 비가 좀 와야 하는데요./ 놀랍게도 이맘때 비가 오다니요." 등과 같은 똑같이 불쾌감을 주지 않는 응답으로 대꾸할 것이다.

어휘 **proper** 적절한 **initiate** 먼저 시작하다 **innocuous** 악의 없는, 불쾌감을 주지 않는

B 프랑스인

The French appreciate elegance, so dress more formally. They pride themselves on their language skills. They take pride in being eloquent and love to argue and converse. They are logical thinkers, and sell with logic and reason rather than an appeal to emotion. In negotiations when the French say yes, they mean maybe. When they say no, it means, "Let's negotiate." (Dawson, 1999: 233).

해석 프랑스 사람들은 우아함을 귀하게 여기므로 옷을 보다 격식차려 입으라. 그들은 자신들의 언어구사력을 자랑스러워한다. 그들은 달변이라는 점에 긍지를 가지며, 논쟁과 대화하기를 매우 좋아한다. 그들은 논리적으로 생각하는 사람들이며, 감정 호소보다는 논리와 이성으로 자신의 의견을 설득시킨다. 협상 시 프랑스인의 yes는 maybe(아마도)의 의미이다. 그들이 no라고 하면 "협상하자"는 의미이다.

어휘 **appreciate** 귀하게 여기다 **elegance** 우아함 **eloquent** 능변인 **converse** 대화하다 **logical** 논리적인

France is very centralized, and so are French businesses centralized. Authority is organized to emanate from the top down. As with the English, the French value principle over result. Be punctual, because to be late is an insult to the French (Dawson, 1999: 233).

해석 프랑스는 매우 중앙집권적이고, 프랑스 비즈니스 방식도 그렇다. 권위가 위에서 아래로 나오는 구조이다. 영국인들과 마찬가지로, 프랑스인들도 결과보다도 원칙을 중히 여긴다. 시간을 엄수하라. 프랑스인에게 늦는다는 것은 모욕이기 때문이다.

어휘 **emanate** 생각 · 제안 등이 나오다 **As with** ~도 그러하듯이 **insult** 모욕

C 독일인

Germany is a low context country: they put their emphasis on the deal rather than the relationship of the parties or the environment in which they signed the contract. Germans are one of the few nationalities to expect more detailed contracts than Americans. They really are masters of the deal that, once they have hammered it out, they will never change (Dawson, 1999: 234).

해석 독일은 저맥락 문화권 국가이다. 그들은 쌍방 간의 관계 혹은 계약을 서명한 환경 보다는 거래에 강조를 둔다. 독일인은 미국인보다도 더 세밀한 계약서를 기대하는 얼마 안 되는 국민들 중 하나이다. 그들은 정말로 거래의 고수라서, 일단 해당 건을 타개하면 절대로 변경하지 않을 것이다.

어휘 **emphasis** 강조 **hammer out** 문제 · 곤경 따위를 해결[타개]하다

Germans appear formal and aloof at first. It takes them a long time to get relaxed with you. In business, they are much more formal than Americans, both in attitude and style (Dawson, 1999: 234).

해석 독일인들은 처음에는 격식 있고 냉담하게 보인다. 그들이 여러분과 긴장감을 푸는데 긴 시간이 필요하다. 사업상 그들은 태도나 스타일에 있어 미국인들보다도 더 격식을 차린다.

어휘 **aloof** 쌀쌀한, 무관심한, 냉담한 **attitude** 태도

D 아시아인

대체로 아시아인들은 협상하는 동안 했던 약속들을 상대방 조직이나 기관과 한 것이 아니라 협상 상대방이었던 사람과 맺었다고 생각한다. 이제 아시아의 주요 국가 사람들의 협상 특성을 살펴보자.

1 한국인

Koreans also look at the agreement as a starting point, not the final solution. They see a contract as an expression of an understanding on the day that the contract was signed. If conditions change, they don't feel bounded by the contract they signed (Dawson, 1999: 235).

해석 한국인 역시 합의를 최종 해결이 아니라 출발점으로 본다. 그들은 계약을 서명한 날 서로 양해를 표명한 것으로 본다. 만약 여건이 변하면 그들이 서명한 계약으로 인해 구속을 받는다고 느끼지 않는다.

어휘 **bound** (약속 · 의무 따위로) 속박하다, ~에게 의무를 지우다

2 중국인

A strong tendency in Chinese culture is to put the group's needs ahead of personal needs. So Chinese negotiators work in teams and arrive at group decisions. A part of this emphasis on the group dynamics is the time-honored concept of reciprocal concession. When one person does a favor for the other, he expects something in return (Dawson, 1999: 236).

해석 중국 문화의 강한 성향은 집단의 니즈를 개인의 니즈보다 앞에 둔다는 것이다. 그래서 중국 협상가들은 팀으로 일하고 집단적으로 결론을 낸다. 집단력 발휘에 강조를 두는 일환으로 유서 깊은 호혜적 양보라는 것이 있다. 한 사람이 다른 사람에게 부탁을 들어주면 그는 그 대가로 무엇인가를 기대한다.

어휘 **ahead of** ~을 앞서서 **time-honored** 예로부터의, 유서 깊은 **reciprocal** 상호간의, 호혜적인 **do a favor** 부탁을 들어주다 **in return** 그 대가로

The Chinese attach great importance to saving face. In business meetings, do not expect them to speak out in support or opposition to your suggestions. Expect them to start high and be willing to make concessions (Dawson, 1999: 237).

해석 중국인들은 체면 차리기에 상당한 중요성을 부여한다. 비즈니스 회의에서 그들이 여러분의 제안에 대해 지지하거나 반대하는 발언을 하리라고 기대하지 말라. 그들은 높게 불러 시작할 것이고 기꺼이 양보하리라고 기대하라.

어휘 **attach great importance to** ~에 상당한 중요성을 부여하다 **saving face** 체면 차리기 **in support** 지지하는 **opposition** 반대

3 일본인

The Japanese are reluctant to say 'no'. 'Yes' to them means only that they heard you. So, don't ask questions that they can answer with a yes or no; ask open ended questions. "When can you do that?" is better than "Can you do that?" (Dawson, 1999: 237).

해석 일본인들은 '아니오.' 라고 말하기를 꺼려한다. 그들의 '예'는 여러분의 말을 들었다는 의미이다. 그러니 그들이 '예, 아니오.' 로 답할 수 있는 질문은 하지 말고, 자유로이 생각대로 대답할 수 있는 질문을 하라. "언제 그것을 해주실 수 있나요?"라고 묻는 것이 "그것 할 수 있나요?"라는 질문보다 좋다.

어휘 **reluctant** 꺼리는 **open ended** 정해진 답이 없는, 자유로이 생각대로 대답할 수 있는

Japan is a very high context country. In a culture that values tact and courtesy over honesty, words do not always mean what they appear to mean. There is a big difference between what they say and what they think (Dawson, 1999: 237).

해석 일본은 고맥락 문화권 국가이다. 정직보다 재치와 예의를 귀하게 여기는 문화에서는 단어가 항상 겉으로 의미하는 바를 의미하는 것은 아니다. 말하는 것과 생각하는 것에 차이가 크다.

어휘 **value** 귀하게 여기다 **tact** (남의 마음을 잘 알고 대처하는) 재치 **courtesy** 예의

The opening position that the Japanese take depends on how well they know you. If they don't know you or your industry well they will start high, not to take advantage of you, but because they learn about you by judging your reaction (Dawson, 1999: 238).

해석 일본인들이 취하는 협상시작 입장은 그들이 여러분을 얼마나 잘 아는가에 달렸다. 그들이 여러분과 여러분이 종사하는 산업을 잘 모르면, 시작을 높게 할 것이다. 이는 여러분을 이용하려는 것이 아니라, 여러분의 반응을 보고 여러분에 대해 알려는 것이기 때문이다.

어휘 **take advantage of** ~를 이용하다

E 러시아인

Russians are not afraid to make tough initial demands. They have a very bureaucratic mind-set, so they are not afraid to say that they don't have the authority (Dawson, 1999: 240).

해석 러시아인들은 초반부터 곤란한 요구를 하는 것을 두려워하지 않는다. 그들은 매우 관료주의적 사고방식을 갖고 있어, 자기는 권한이 없다는 말을 서슴없이 한다.

어휘 **tough** 곤란한, 힘든 **mind-set** 사고방식

Another mind-set is that Russians think that, unless they are authorized to do something, it is forbidden. They can say endlessly 'no' to test your resolve. Russians are not afraid to vocalize their concerns, even if it causes you to squirm. They seem to be hard and cold in their business dealings because they are very direct (Dawson, 1999: 238).

해석 또 다른 러시아인의 사고방식은 어떤 일을 함에 권한이 주어지지 않는 한 그것은 금지된 일이라고 생각한다는 것이다. 그들은 여러분의 결단력을 시험하기위해 끊임없이 '아니오.' 라고 말할 수 있다. 그들은 여러분이 어색함을 느끼게 만들 정도로 자신들의 우려사항에 대해 두려움 없이 목소리를 낸다. 그들은 매우 직설적이기 때문에 비즈니스 거래에 있어 힘들고 냉정한 사람들로 보인다.

어휘 **authorized** 권한을 부여받은 **forbidden** 금지된 **resolve** 결심, 결단력
vocalize 목소리를 내다 **concern** 우려, 걱정 **squirm** 어색해 하다

F 중동인

Be sensitive to ethnic differences when you're negotiating with Middle Easterners. Don't refer to them as Arabs unless they come from the Arabian Peninsula, which includes Saudi Arabia, Iraq, Jordan, and the Gulf States. Egyptians do not appreciate being called Arabs, and Iranians are horrified because they are proud to be Persians (Dawson, 1999: 241).

해석 중동인들과 협상할 때 민족 간 차이에 대해 민감해야 한다. 그들이 사우디아라비아, 이라크, 요르단 그리고 걸프 만에 위치한 국가를 포함하는 아라비아 반도 출신이 아니면 그들을 아랍인이라고 칭하지 말라. 이집트인들도 아랍사람이라고 불리는 것을 고마워하지 않으며, 이란인들은 자기네가 페르시아 사람이라는 것을 자랑스럽게 여기므로 아랍인이라고 하면 기겁을 한다.

어휘 **ethnic** 인종의, 민족의 **Peninsula** 반도 **horrified** 질겁하는

When people from the Middle East sign a contract, they see it as the start of negotiations, not the end. They sign the contract first and then negotiate. It's important to understand this and not see it as devious; it's simply the way they do business (Dawson, 1999: 241).

해석 중동에서 온 사람들과 계약서에 서명할 때, 그들은 이것을 협상의 끝이 아니라 시작이라고 본다. 그들은 계약서에 서명 먼저 하고 협상한다. 이 점을 이해하는 것이 중요하며, 이 점을 상도를 벗어난 것으로 보지 말라. 이는 단지 그들이 비즈니스를 하는 방식일 뿐이다

어휘 **devious** 방법 등이 상도를 벗어난, 솔직하지 않은

Don't be offended if they show up late for an appointment, or perhaps don't even show up at all. Appointments are not the firm commitments and time in general is not prized the way that we value it (Dawson, 1999: 241).

해석 그들이 약속에 늦게 나타나거나 혹은 전혀 나타나지 않는다 해도 마음 상해하지 말라. 약속은 확고한 의무는 아니고, 일반적으로 그들에게 시간은 우리가 귀하게 여기는 것처럼 중요한 가치가 있는 것이 아니다.

어휘 **show up** 나타나다 **firm** 확고한 **commitment** 의무, 책임 **prized** 중요한, 가치 있는

참고문헌

- Dawson, Roger (1999), Secrets of Power Negotiating (2nd ed.), Career Press, Franklin Lakes, NJ.
- Foster, Dean Allen (1995), Bargaining Across Borders: How to Negotiate Business Successfully Anywhere in the World, McGraw-Hill, Inc.
- Hall, Edward T., (1973), The Silent Language, Doubleday, New York,
- Hofstede, Geert (1980), Culture's Consequences, Sage Publications, London.
- Weiss, Stephen and William Strip (1985), *Negotiations with Foreign Business persons: An Introduction for Americans with Propositions for Six Cultures*, New York University Graduate School Business Administration, International Business Department, Edition (2/85)

Part III 영어로 파워 협상 게임하기

Part III에서는

글로벌 비즈니스의 언어로서 영어에 대한 설명에 이어, 영어로 협상하는데 필요한 전략과 영어 표현 두 가지를 한 단계 더 높여 학습할 수 있도록 제시하여, 여러분이 파워 협상가가 되는데 커다란 도움이 되도록 하였다. 영어에 대한 설명도 영어 원문을 인용하고, 이에 해석과 주를 붙여 영어와 한글의 표현들을 비교하여 학습할 수 있게 배열하였다.

Part III

영어로 파워 협상 게임하기

CHAPTER

1 글로벌 비즈니스 언어로서의 영어

1 힘의 언어로서의 영어

국제 비즈니스나 협상에서 서로 상대방이 아주 다른 사람이라는 생각을 갖게 만드는 가장 첫 번째, 가장 분명한 그리고 가장 중요한 요인이 언어의 차이다. 이제 영어는 국제 비즈니스와 협상의 세계적 언어가 되었다. 영어 사용자는 크게 세 가지 집단으로 나눌 수 있는데, 영어를 모국어로 사용하는 집단(미국, 영국, 캐나다, 호주, 뉴질랜드), 제 2 언어로 사용하는 집단(인도, 홍콩, 필리핀, 싱가포르 등), 그리고 외국어로 사용하는 집단(한국, 중국, 일본 등)이 그것이다.

전 세계적으로 점차 영어의 비 모국어 사용자의 수가 늘어가는 추세이다. 여기서 유의할 점은 영어를 제 2 언어, 외국어로 사용하는 사람들은 물론 이를 모국어로 사용하는 사람들 사이에서도 문화적 차이는 있다는 것이다. 언어가 같다고 반드시 문화적 유사성이 있는 것은 아니다(Foster, 1995: 56). 마찬가지로 영어의 지위와 기능에 대한 태도와 반응도 문화마다 다르다(Kachru: 1984: 176). 그러나 분명한 것은 영어가 그 영어 사용자에게 힘을 준다는 것이다.

Competence in English and the use of this language signify a transmutation: an added potential for material and social gain and advantage. English is considered an extra arm for success and mobility in culturally and linguistically complex and pluralistic societies (Kachru, 1984: 176).

해석 영어를 구사할 수 있고 영어를 사용한다는 것은 하나의 변질, 즉 물질적으로나 사회적으로 무엇인가를 얻을 수 있는 추가된 잠재력을 의미한다. 문화적으로나 언어적으로 복잡하고 다원적인 사회에서 영어는 출세와 이동성의 추가적 도구로 간주된다.

어휘 **Competence** 능력, 구사력 **signify** 의미하다 **transmutation** 변질 **potential** 잠재적인 **mobility** 이동성

Knowing English is like possessing the fabled Aladdin's lamp, which permits one to open, as it were, the linguistic gates to international business, technology, science and travel. In short, English provides linguistic power. Here the term "power" means to refer to the control of knowledge and to the prestige a language acquires as a result of its use in certain important domains (Kachru, 1984: 176-177).

해석 영어를 안다는 것은 우화에 나오는 알라딘의 요술램프와 같이, 말하자면 우리로 하여금 국제비지니스, 기술, 여행 등으로 나아가게 해주는 언어적 문을 열게 해준다. 한 마디로, 영어는 언어적 힘을 준다. 여기서 "힘"이란 한 언어가 어떤 중요한 영역들에서 사용된 결과 습득하게 된 지식의 통제와 특권을 칭한다.

어휘 **fabled** 우화인 **as it were** 말하자면 **refer to** ~를 칭하다 **prestige** 특권 **acquire** 습득하다 **domain** 영역

Power is defined as "the capacity of some persons to produce intended and foreseen effects on others". Intentional effects may be achieved through authority, manipulation, persuasion and physical or psychic force. Most of these effects, except for physical force, can be realized through chiefly verbal language (Kachru, 1984: 11).

해석 힘이란 "다른 사람에게 미칠 의도되고 예측 가능한 효과를 만들어 내는 몇몇 사람들의 능력"이라고 정의된다. 의도적인 효과는 권위, 조작, 설득, 그리고 신체적 혹은 정신적 강제력을 통해 얻어낼 수 있다. 이 같은 효과의 대부분은 신체적 강제성을 제외하고 주로 구두 언어를 통해 구현될 수 있다.

어휘 **define** 정의하다 **capacity** 능력 **intended** 의도된 **foreseen** 예측되는 **Intentional** 의도적인 **manipulation** 조작 **persuasion** 설득 **physical** 신체적인 **psychic** 정신적인 **except for** ~를 제외하고 **chiefly** 주로 **verbal** 말로 하는

2 외국어로서의 영어로 말하기

언어가 서로 다르다는 것은 오류, 오해, 잘못된 커뮤니케이션 등의 문제가 크다는 것을 의미한다. 영어로 커뮤니케이션을 할 때 이런 문제들을 예방할 수 있는 방법에 대해 알아보자.

① Keep your English simple. Use common, short, easily defined words and phrases. Don't say "in a positive direction" if you mean "successful".

② Use action words to describe more specifically what you really mean. Don't say "make this happen" if you mean "sign here".

③ Confirm mutual understanding all along the way with your foreign associates. This is sometimes known as active listening. It is absolutely essential between speakers of different languages. Confirming your understanding ensures accuracy of communication. Ask things like, "Let me see if I understand what you mean", and then repeat back your interpretation of what they've just said (Foster, 1995: 61-64).

해석 ① 당신의 영어표현을 단순하게 하라. 흔하게 쓰고 짧으며 의미정의가 쉽게 되는 단어와 구를 사용하라. "성공적"이라는 말을 "긍정적인 방향으로"라고 하지 말라.

② 당신이 의미하는 바를 보다 더 구체적으로 기술하기 위해 동작 단어를 사용하라. "여기에 서명하세요."라는 의미를 "이것 성사시키시지요."라고 하지 말라.

③ 당신의 외국 협상 상대자와 내내 서로 이해했는지 확인하라. 이런 것을 능동적 청취라고 한다. 언어가 다른 사람들 간에서 이것은 절대적으로 필요하다. 당신이 제대로 이해했는지를 확인함으로써 의사소통이 정확했는지 확실히 알 수 있다. "귀하의 의도를 제가 이했는지 알아 보고자 합니다."라고 말하면서 이야기 한 것들을 물어보고, 지금까지 상대방이 한 말을 여러분 나름대로 해석하여 반복해서 말해보라.

어휘 positive 긍정적인 describe 묘사하다 specifically 구체적으로 confirm 확인하다
mutual 상호의 ensure 확실하게 해주다 accuracy 정확성 interpretation 해석

CHAPTER

2 파워협상 전략: 시작 단계

아마도 여러분은 협상의 목적이 win-win의 해결을 이끌어 내는 것이라고 들어왔을 것이다. 이것은 쌍방이 모두 이겼다는 느낌으로 협상 자리를 뜨게 만드는 창의적인 방법이다. 파워협상은 여러분이 협상에서 이겼으면서도 상대방으로 하여금 자기다 이겼다는 감정을 남겨주는 전략기술을 알려준다. 그래서 상대방이 다음날 아침 눈을 뜨면서 "이제야 내 상대방이 나한테 무슨 짓을 했는지 알겠군. 그 사람 다시 만날 때 어디 두고 보자"라는 생각을 갖지 않게 해준다. 이같이 상대방으로 하여금 자기네가 이겼다는 감정을 갖게 만드는 능력은 매우 중요하다.

파워협상은 체스를 두는 것처럼 일련의 규칙 하에 이루어지는 게임이다. 협상 시 쌍방은 각 자 상대방이 어떤 수를 전개할 지를 예측하면서 이에 대응한다. 그래서 "협상이 예술이라기보다는 더 과학에 가깝다"라고 한다. 협상가에게는 제대로 맞아떨어지는 협상전략을 선별해서 이를 제때에 사용할 줄 아는 기술이 절대적으로 필요하다.

협상 시작단계의 전략들은 협상이라는 게임을 여러분이 원하는 방향으로 시작하게 해주며, 협상 중간단계의 전략들은 협상이라는 게임을 여러분이 원하는 방향으로 나아가게 해준다. 거래를 종료할 준비가 되었으면 협상 마무리단계의 전략들을 사용하면 된다.

You should determine the demands that you make and the attitude you present with a carefully made plan that encompasses all elements of the negotiation. Your Opening Strategies will win or lose the game for you. You must base their use on a careful evaluation of the opponent, the market, and the opponent's company (Dawson, 1999: 11-12).

해석 성공적인 협상을 위해서 여러분은 협상의 모든 요소를 아우르는 치밀한 계획을 가지고 자신의 요구사항과 상대방에게 보일 자신의 태도를 미리 정해두어야 한다. 여러분의 협상개시 전략은 이 게임의 승자가 되느냐 패자가 되느냐를 좌우한다. 이 모든 전략의 사용은 협상 상대자, 시장, 상대방 회사 등 모든 요소들을 주의 깊게 평가한 것에 바탕을 두어야 한다.

어휘 make the demands 요구하다 encompass 아우르다, 포함하다 base 기저로 삼다 evaluation 평가

1 얻어낼 수 있으리라 예상되는 것 보다 더 많이 요구하라

A 더 많이 요구할수록 더 많이 얻을 것이다.

파워협상의 규칙들 중 핵심은 여러분이 얻어내리라 예상하는 것보다 더 많이, 즉 타당성이 있는 최대의 입장을 상대방에게 요구하라는 것이다. 그러나 노련한 협상가가 아니면 이는 쉽지 않다. 우리 모두 상대방의 조롱거리가 될까봐 그런 입장을 취하기를 꺼려한다. 하지만 여러분이 타당성이 있는 최대의 입장을 요구해야 하는데 그 이유는 다음과 같다(Dawson, 1999: 13-15).

1 그렇게 요구한대로 얻어낼 수도 있다

요구한 대로 상대방이 들어주는지의 여부를 알 수 있는 방법은 그것을 요구해보는 길뿐이다. 상대방이 여러분이 생각한 것보다도 더 많이 줄 용의가 있을 수도 있다.

2 그럴 경우 여러분은 타협의 여지가 많게 된다

상대방에게 큰 양보를 할 수 있게 된다면 여러분은 매우 협조적인 협상 상대자로 보일 것이다.

3 이는 여러분이 제시하는 것에대한 인식적 가치를 높여준다

If you're applying for a job and asking more money than you expect to get, you implant in the personnel director's mind the thought that you are worth that much. If you're selling a car and asking for more than you expect to get, it positions the buyer into believing that the car is worth more (Dawson, 1999: 15).

해석 만약 여러분이 직장을 구하는데 받으리라 기대되는 액수보다 더 많은 보수를 요구한다면, 이는 상대방인 인사부장에게 여러분이 그만한 가치가 있는 사람이라는 점을 각인시키는 셈이다. 만약 여러분이 자동차를 파는데, 여러분이 받으리라 기대되는 이상의 액수를 요구한다면 구매자에게 그 차가 그만한 가치가 있는 것으로 믿게 만드는 것이다.

어휘 **implan** 각인시키다 **personnel director** 인사담당 부장 **worth** 가치 있는
position A into B A에게 B 입장을 갖게 하다

4 협상이 교착상태에 빠지는 것을 막을 수 있다.

다음 잘못된 예와 잘 된 협상의 예를 비교해 살펴보자 .

(잘 못한 예) 부시 미 대통령이 걸프전 당시 사담 후세인에게 던진 협상 초기 발언

"There are 3 things this man has to do. He has to get out of Kuwait. He has to restore the legitimate government of Kuwait, and he has to make reparations for the damage that he's done."

출처: Daeson (1996: 16)

해석 후세인이 해야 할 일은 3가지입니다. 쿠웨이트에서 떠나야 하고, 쿠웨이트에 합법적인 정부를 복원켜야 하고 그리고 그가 저지른 손상에 대해 배상을 하는 것입니다.

어휘 **restore** 회복하다 **legitimate** 합법적인
make reparations for the damage 그 손실에 대해 보상하다

비록 이 말은 매우 분명하고 정확한 협상개시 발언이었지만, 문제는 미국도 해결할 수 있는 모든 카드를 다 제시해 버렸다는 것이다. 후세인에게 협상에서 이길 여지를 주지 않았기 때문에 협상은 교착상태에 빠졌다. 그러나 부시 대통령이 다음과 같이 말했더라면 미국은 원하는 바를 얻으면서도 후세인을 협상에서 승자가 되게 할 수 있었을 것이다 .

(잘한 예) 부시 미 대통령이 걸프전 당시 사담 후세인에게 던진 협상 초기 발언

"We want you and your cronies exiled. We want a non-Arab neutral government installed in Baghdad. We want UN supervision of the removal of all military equipment. In addition, we want you out of Kuwait, the legitimate Kuwait government restored, and reparation for the damages that you did."

출처: Dawson (1996: 16)

해석 우리는 당신과 당신 친구들이 추방당하기를 원합니다. 우리는 비 아랍계 중립정부가 바그다드에 세워지기 원합니다. 우리는 모든 군사무기 제거에 유엔의 감독을 원합니다. 덧붙여, 우리는 당신이 쿠웨이트를 떠나고, 합법적 쿠웨이트 정부 복원, 그리고 당신이 저지른 손해에 대한 배상을 원합니다.

어휘 cronies 친구들 exile 추방하다 neutral 중립적인 install 설립하다 supervision 감독 removal 제거 reparation 배상

5 이는 상대방으로 하여금 자신이 승자라고 느끼게 할 분위기를 만들어준다

만약 여러분이 처음 시작부터 가장 좋은 제안을 내놓으면 협상에서 상대방에게 그가 이겼다는 기분이 들게 해주면서 동시에 여러분이 이길 방도는 없게 된다. 경험이 없는 협상가들은 협상 시작단계에서부터 가장 좋은 패를 내놓는다. 반면에 파워 협상가들은 항상 처음부터 최대치를 요구한다. 그들은 협상이 중간단계로 들어가면서 자신이 원하는 방향으로 협상을 이끌어 나가다가 쌍방이 모두 수락할 수 있는 해결안을 찾아낸다. 그리고는 그는 쌍방이 기자회견을 열어 서로 협상에서 이겼다고 발표하게 만든다.

B 범위 정하기

만약 여러분이 얻을 수 있으리라 예상되는 수준 이상의 것을 요구한다면 어느 정도를 더 요구해야 하는가? 그 답은 여러분이 자신의 협상 목적의 상한선과 하한선을 묶어 괄호로 생각하듯 그 범위를 미리 정하는 것이다. 여러분의 초기 제안은 상대방의 제안과 여러분의 협상목표 사이의 차이와 같은 정도이어야 한다. 후에 그 차이를 반으로 나누자고 흥정해 가는 것이다. 그 차이를 반으로 나누는 것이 공정한 것처럼 보이기 때문이다.

To bracket, you get the other person to state his/her position first. If the other person can get you to state your position first, then s/he can bracket you so that, if you end up splitting the difference, the other person ends up getting what s/he wanted. Getting the other person to state his/her position first is the only way you can bracket a proposal. Conversely, don't let the other person trick you into committing first (Dawson, 1999: 19-20).

해석 제안 범위를 정하기 위해서 여러분은 상대방이 먼저 제안하도록 만들어야 한다. 만약 그 반대가 되면, 상대방이 자신의 제안범위를 정하게 되고, 쌍방이 각 자 제안의 차이를 반으로 계속 쪼개나가기 시작하면, 결국 상대방이 원하는 것을 더 많이 갖게 되는 것으로 협상이 끝나게 된다. 상대방으로 하여금 먼저 제안하게 만드는 것이 여러분이 제안범위를 정할 수 있는 유일한 길이다. 그 반대로 상대방이 여러분에게 먼저 약속하도록 유도하는 전술에 여러분은 말려들면 안 된다

어휘 **bracket** 괄호를 만들다, 범위를 정하다 **state** 진술하다 **split** 반으로 쪼개다
conversely 역으로 **trick** 술수를 쓰다

Another benefit of bracketing is that it tells you how big your concessions can be as the negotiation progresses. A deal always looks better after something has been thrown out. There is a danger in bracketing, however. You should not become so predictable with your responses that the other side can detect your pattern of concessions. You should vary your moves slightly so your reason for making a move cannot easily be detected (Dawson, 1999: 20).

해석 이렇게 제안범위를 정하는 또 다른 이점은 이것이 협상이 진행되면서 여러분이 양보를 어느 정도까지 크게 할 수 있는지를 말해준다는 점이다. 거래란 항상 무엇인가를 버린 후에 더 그럴듯해 보인다. 그러나 이렇게 제안범위를 정하는 전략에도 위험은 있다. 여러분이 반응을 보일 때 그 반응이 예측가능해서 여러분의 양보에 일정한 패턴이 있다는 것을 상대방이 감지할 수 있어서는 안 된다. 여러분은 매 번 움직일 때마다 조금씩 변형을 가해서 여러분의 움직임의 이유를 쉽게 감지당하지 않도록 하라.

어휘 **concession** 양보 **progress** 진행되다 **predictable** 예측이 가능한 **response** 반응 **detect** 감지하다 **vary** 다양하게 변화주다 **slightly** 약간

2 첫 제안에 절대 "예" 하지 말라

A 첫 제안을 받고 "예"라고 하는 경우

상대방이 첫 제안이나 맞제안에 "예"라고 답할 경우 2가지 생각이 든다. 즉, "이보다 더 잘 할 수 있었는데, 다음엔 더 잘 해야지.; 뭔가 잘못됐어. 내가 모르는 무언가가 벌어지고 있나?"라는 생각이 그것이다.

상대방의 첫 제안에 대해 여러분이 "예"라고 말한다면 상대방은 사기를 당한 기분을 갖게 된다. 그리고 이 2가지 반응은 누구나 마음속에 내내 오래 남아있게 된다. 다음 협상의 예들을 보자.

(예) 중고차 거래

Seller: I'm asking for $10,000 for this used car.

Buyer: It's not what I'm looking for, but I'll give you $8,000.

Seller: I'll go ahead and get rid of it.

출처: Dawson (1999: 22)

해석 판매자: 이 중고차 값으로 만 불은 주셔야 해요.
구매자: 내가 찾고 있는 물건은 아니지만 8천불 내죠.
판매자: 그렇게 해서 이 물건 치워버리죠.

어휘 **get rid of~** ~을 없애다

(예) 가격은 별로 중요하지 않으나 제품 확보가 급한 구매자

Seller: May I quote you a price of $250 each?

Buyer: We've been paying only $175.

<*Actually the buyer has been paying $275 to other sellers.*>

Seller: Okay, we can match that.

출처: Dawson (1999: 22)

해석 판매자: 단가를 250불로 요구해도 되겠죠?
구매자: 우린 175불을 지불해 왔는데요.
〈사실 구매자는 다른 판매자에게 275불을 지불해왔었다.〉
판매자: 좋아요. 거기에 맞출 수 있어요.

어휘 **quote** 가격을 매기다 **Actually** 사실 **match** 맞추다

(예) 토지 구매

Seller: I'm asking for $185,000 for the land.

Buyer: Let me present an offer at $115,050.

<Actually the buyer thought that if he could get it for $150,000, it would be a terrific buy.; Specific numbers build credibility, so you're more likely to get the other side to accept an offer like this than to counter it.>

Seller: I'll accept what you propose.

출처: Dawson (1999: 24)

해석 판매자: 그 땅 값으로 18만 5천 불은 주셔야 해요.
구매자: 11만 5천5십 불을 제안 합니다.
〈사실 구매자는 15만 불에 구매하면 아주 잘 사는 것이라고 생각했다. 구체적인 수치는 신뢰를 갖게해 줄 수 있으므로, 이런 제안은 상대방이 받아치기 보다는 수락할 가능성이 더 많다.〉
판매자: 당신이 제안한 것을 받아들이겠습니다.

어휘 a terrific buy 아주 잘 구매한 것 credibility 신뢰성 be more likely to~ ~할 가능상이 더 많다 counter 맞대응하다

B 내 제안에 대한 상대방의 반응

커다란 위험은 여러분의 제안에 대해 상대방이 어떻게 반응할 지를 마음속으로 그렸는데 상대방이 여러분의 기대보다 더 높은 안을 갖고 돌아왔을 때이다. 이러한 가능성에 대비하여 무방비상태가 되지 않도록 하라.

노련한 협상가들은 신중해서 너무 빨리 "예"라고 답하는 함정에 빠지지 않는다. 이제 이런 상황을 보여주는 협상의 예들을 보자.

(예) 나폴레옹의 발언

"The unforgivable sin of a commander is to 'form a picture' - to assume that the enemy will act a certain way in a given situation, when in fact his response may be altogether different."

출처: Dawson (1999: 25)

해석 지휘관의 용서 못할 죄는 '마음속으로 그림을 그리는 것'이다. 이는 적이 주어진 상황 하에서 어떤 방식으로 행동할 것이라고 가정하는 것으로, 사실 적의 반응은 완전히 다르게 빗나갈 수도 있다는 것이다.

어휘 unforgivable 용서할 수 없는 sin 죄 of a commander 지휘관 assume 가정하다 altogether 완전히

(예) 잡지에 광고 싣기 제안

Seller: I think it is a very reasonable proposal requiring a modest $2,000 investment.

<after getting him down to the incredibly low price of $800>

Buyer: This looks fine. I do just have to run it by my board of directors. Fortunately, they're meeting tonight. Let me run it by them and get back to you with the final okay.

<a couple of days later>

Buyer: You'll never know how embarrassed I am about this. You know, I really felt that I wouldn't have any problem at all selling the board of directors on that $800 price you quoted me, but they're so difficult to deal with right now. The budget has been giving everyone headaches lately. They did come back with a counter-offer, but it's so low that it embarrasses me to tell you what it is.

Seller: How much did they agree to?

Buyer: $500.

Seller: That's okay. I'll take it.

출처: Dawson (1999: 27)

해석 판매자: 저는 이것이 2천불 정도의 적절한 투자가 요구되는 매우 합리적인 제안이라고 생각합니다.

〈구매자는 8백 불이라는 믿기 어려울 정도의 낮은 가격으로 상대방의 기를 죽인 후〉

구매자: 이게 좋은 것 같군요. 이것을 이사회에 돌려야 하겠어요. 다행히도 오늘 밤 이사회가 있어요. 이것을 곧 이사진들에게 보여야 하겠어요. 제가 그분들에게 보여드리고 최종 허락을 받아 다시 뵙지요.

〈며칠 후〉

구매자: 제가 이 문제로 얼마나 당혹스러웠는지 모르실 거예요. 있잖아요, 전 귀하가 청구하신 8백 불이라는 가격을 이사진들에게 설득하는데 정말 별 문제가 없다고 봤어요. 그런데 그분들이 이젠 다루기 너무 어려워요. 요새는 예산문제가 모두의 골칫거리죠. 그분들이 맞제안을 들고 왔는데, 그 가격이 너무 낮아서 귀하에게 얼마라고 말씀드리기도 당혹스럽군요.

판매자: 얼마에 동의하셨나요?

구매자: 5백 불요.

판매자: 좋습니다. 받아드리겠어요.

어휘 **modest** 과분하지 않은 **board of directors** 이사회 **embarrass** 당황케 하다 **counter -offer** 맞제안

3 제안에 대해 움찔하고 주춤하라

파워 협상가들은 여러분이 상대방의 제안에 대해 항상 충격을 받아 놀라는 반응, 즉 움찔하고 주춤해야 한다는 것을 알고 있다. 이 말이 바보 같고 우스꽝스럽게 들릴지 몰라도, 사실 사람들이 여러분에게 제안을 내놓을 때 그들은 여러분의 반응을 지켜보고 있는 것이다. 그들은 여러분이 자신들의 요구를 따라줄 것이라고는 생각하지 않을지도 모른다. 그들은 여러분의 반응을 보기위해 그런 제안을 던져보는 것 뿐이다.

A 만약 여러분이 놀라움을 보이지 않으면, 이는 여러분이 가능성이 있음을 전하는 것이 된다.

"움찔하고 주춤하기" 전략은 매우 중요하다. 대부분의 사람들은 자신이 들은 것 보다 눈으로 직접 본 것을 더 믿기 때문이다. 이렇게 들은 것보다 본 것이 더 중요하고, 또한 그 미치는 영향도 더 크다. 그래서 상대방의 제안에 대해 움찔하며 놀래는 반응을 보이는 것이 아주 중요한 것이다. 비록 여러분이 얼굴을 맞대고 하는 협상이 아닌 전화통화 일지라

도, 충격과 놀라움을 목소리에 담아 전하는 것은 매우 효과적이다. 그런 움찔하는 반응 다음에는 양보가 이어지게 된다. 이제 다음 협상의 예들을 보자. (O)표 한 표현이 (X)표한 표현보다 더 극적인 놀라움을 전달한다.

(예) 제안에 대한 반응

(O) "You want us to do what? You must be out of your mind."

(X) "We don't think that we'd be prepared to go that high."

출처: Dawson (1999: 32)

해석 (O) 우리보고 뭐를 하라고요? 제정신이 아니시군요.

(X) 우리는 그 정도 높은 가격으로 진행해 갈 준비가 되었다고는 생각하지 않습니다.

어휘 **out of one's mind** 정신이 나간

(예) 강연료로 1,500 불을 요구받은 초보 프로 연사

Director: We might be interested having you work for us, but the most we can pay you is $1,500.

Speaker: $1,500? I couldn't afford to do it for just $1,500.

Director: Well, the most we've ever offered the best speaker is $2,500, so that's the best we can do.

출처: Dawson (1999: 32)

해석 이사: 선생님을 모시고 함께 일하는 데 관심이 좀 있는데, 저희가 드릴 수 있는 최고 금액이 1,500 불입니다.

연사: 1,500 불요? 겨우 1,500 불로는 그 강연 할 수 없겠는데요.

이사: 글쎄요. 지금까지 어떤 연사님에게 드린 최대 강연료는 2,500 불이었어요. 그러니 그 액수가 저희들이 드릴 수 있는 최선입니다.

어휘 **afford** ~를 지불할 능력이 있다

4 대결적인 협상은 피하라

A 협상 초기단계에서 논쟁하지마라. 이는 대결을 초래하기 때문이다.

협상 시작 후 몇 분 동안에 여러분이 어떤 말을 하느냐 여부가 종종 협상 전체의 분위기를 만들어버린다. 상대방은 여러분이 상생의 해결을 위해 노력하는 지, 아니면 얻을 수 있는 것은 다 가져갈 마음을 갖고 협상자리에 나왔는지 즉시 감을 잡는다. 여러분이 논쟁조로 나아가면 갈수록, 상대방은 논쟁을 되받아 치면서 방어적 입장을 취하게 된다. 그러므로 협상 초기단계에서는 발언에 주의해야 한다.

If the other person takes a position with which you totally disagree, don't argue. Arguing always intensifies the other person's desire to prove himself or herself right. You're much better off to agree with the other person initially and then turn it around using the Feel, Felt, Found formula (Dawson, 1999: 35).

해석 상대방이 여러분과 완전히 다른 입장을 취한다 해도 논쟁 하지마라. 논쟁은 항상 상대방으로 하여금 자신이 옳다는 것을 증명하려는 갈망을 강화시킬 뿐이다. 초기에는 상대방에 동의를 해주고, 그 다음에 "느낍니다. 느꼈어요. ~을 알았어요."라는 공식을 사용하여, 논쟁을 돌려버리는 것이 훨씬 좋다.

어휘 take a position 입장을 취하다 argue 논쟁하다 intensify 강화하다
better off ~하는 것이 더 좋은 initially 초기에는 formula 공식

이제 다음 협상의 예를 보자.

(예) 구직 신청

Manager: I don't think you have enough experience in this field.

Applicant: (X) I've handled much tougher jobs than this in the past.
(O) I understand exactly how you feel about that. Many other people would feel exactly the same way as you do right now. However, there

are some remarkable similarities between the work I've been doing and what you're looking for. Let me tell you what they are.

출처: Dawson (1999: 36)

해석 과장: 당신은 이 분야에 경험이 충분치 못한 것 같군요.
신청자: (X) 전 과거에 이 보다도 더 힘든 일들도 다루어봤는데요.
(O) 무슨 말씀인지 저도 잘 알고 있습니다. 지금 많은 다른 분들도 과장님과 똑같은 생각이실 겁니다. 하지만 지금까지 제가 해 온 일과 과장님께서 찾고 계시는 것 간에는 어느 정도 확연한 유사성이 있습니다. 그게 무언인지 말씀 드리겠습니다.

어휘 **remarkable** 놀라운 **similarity** 유사성

5 팔기 싫은 판매자와 사기 싫은 구매자

A 파는 것이 절실한데 가장 좋은 가격을 받고자 할 때에는 "팔기 싫은 판매자" 역할을 하라.

"팔기 싫은 판매자" 기법은 협상이 시작하기도 전에 협상범위를 쭈그러들게 한다. 여러분이 "사기 싫은 구매자" 역할을 하면 판매자는 자신이 "원하는 가격"에서 팔지 않고, "손님이 사지 않고 그냥 가버리는 가격"까지도 흥정하려하지 않을 것이다. 여러분이 이 기법을 쓰면 상대방은 협상범위의 반은 통상적으로 포기할 것이다.

이제 그 협상의 예들을 보자.

(예) 팔려고 내놓은 배

Buyer: That's a fine-looking boat. By any chance is it for sale?

Seller: You're welcome to come aboard, although I hadn't thought of selling the boat. I love my boat, and have a lot of fun sailing her. I can see how perfect this boat would be for you and how much fun you'd have with it, but I really don't think I could ever bear to part with it. However, just to be fair to you, what's the very best price you would offer to give me?

출처: Dawson (1999: 37)

해석 판매자: 그거 멋진 배군요. 혹시 이거 파나요?

구매자: 그 배 판다는 생각은 해본 적이 없지만, 승선을 환영합니다. 전 이 배를 무척 좋아해요. 이거 타고 즐거운 시간을 많이 갖지요. 이 배가 선생님에게도 딱 맞는 걸로 보이고, 또 이 배 타시면서 얼마나 즐거워하실지 알겠네요. 하지만 이 배하고 헤어진다는 것은 참을 수 없을 것 같군요. 그래도 공정한 기회를 드린다는 의미에서, 가장 좋은 가격으로 얼마나 하실 건가요?

어휘 by any chance 혹시 for sale 팔려고 내놓은 bear 참다 part with ~와 헤어지다

(예) 절박하게 팔려고 내놓은 부동산

Buyer: I'm interested in that property.

Seller: <*with a heavy heart*>
That's my favorite property. I'm never going to sell that. I'm going to put that in trust for my grandchildren. Anything else I have is for sale, make me an offer, but not that property. But look, just to be fair to you, - what is the very best price you would give me?

출처: Dawson (1999: 38)

해석 구매자: 그 부동산에 관심이 있습니다.

판매자: 〈*무거운 마음으로*〉

그건 제가 아끼는 부동산입니다. 절대 안 팔 겁니다. 내 손자 손녀들 앞으로 신탁을 들어둘 겁니

다. 제가 갖고 있는 다른 것은 다 팝니다. 안을 내보세요. 하지만 그것만은 아닙니다. 그래도 선생님, 단지 공정하게 대해드리려고 그러는 건데, 제게 주실 수 있는 최고로 좋은 가격은 얼마죠?

어휘 **property** 부동산 **put that in trust** 신탁으로 맡기다

6 "확고부동함"이라는 기법을 사용하라

A 제안/맞제안에 대해 여러분은 "그보다는 더 나은 걸 내보이셔야 할걸요"라고 말한 뒤 입을 딱 다물어 버리는 확고부동한 기법으로 응대하라.

다음의 다양한 협상의 예를 통해 그 의미를 살펴보자.

(예) 철강제품을 파는 한 소규모 회사 주인

Buyer: I'm really happy with our present vendor, but I guess it wouldn't do any harm to have a backup supplier to keep them on their toes. I'll take one carload if you can get the price down to $1.22 per pound.

Seller: I'm sorry you'll have to do better than that.

출처: Dawson (1999: 42)

해석 판매자: 우린 현재 거래처에 정말 만족해요. 하지만 그 사람들 긴장 좀 하게 비상시 지원해줄 공급업체를 갖고 있는 것도 해 될 건 없겠군요. 가격을 파운드 당 1.22 불로 내려주면 차량 한 대 분은 사지요.

판매자: 죄송합니다만, 그것 보다는 좀 더 좋은 조건을 해주셔야 할걸요.

어휘 **present vendor** 현재 판매자 **do any harm** 어떤 해를 끼치다 **backup** 비상시 지원하는 **keep them on their toes** 그들을 계속 긴장하게 하다 **carload** 차량 한 대 분량

(예) 서로 말없이 신경전을 벌리는 고집스런 협상가 2명

<There was a dead silence in the room. After a while, the more experienced person finally broke the impasse by scrawling the word "decizion?" on a piece of paper and sliding it across to the other. He had deliberately misspelled the word "decision".>

The Unexperienced: You misspelled decision.

<The unexperienced renegotiated his own proposal before he found out if the other person would accept it or not.>

The Unexperienced: Well, if you're not willing to accept what I offered you, I might be willing to come up another $2,000, but not a penny more.

출처: Dawson (1999: 43)

해석 *〈방에는 쥐죽은 듯한 고요가 있었다. 얼마 후 좀 더 경험이 많은 자가 드디어 종이위에 "decizion(결정했어요)?"이라는 단어를 휘갈겨 써서 테이블 반대쪽 사람에게 밀어 던짐으로서 교착상태를 깼다. 그는 의도적으로 "decision(결정)"이라는 단어의 철자를 틀리게 적었다.〉*

무경험자: decision 단어 철차가 틀렸네요.

〈그 무경험자는 상대방의 수락 여부도 알아보기 전에 자신의 제안을 내어 재협상을 해버렸다.〉

무경험자: 저.. 제가 제시한 제안을 도저히 받아드리지 않으신다면 또 다른 안으로 2천불을 더 낼 용의가 있습니다. 하지만 더 이상은 한 푼도 안 됩니다.

어휘 **dead silence** 죽은듯한 고요함 **impasse** 곤경, 막힌 상태 **scrawl** 휘갈겨 쓰다
slide 미끄러지다 **deliberately** 의도적으로 **renegotiate** 재협상하다
be willing to 기꺼이 ~하다 **come up** ~을 내놓다 **another** 또 다른, 추가의

B 상대방이 그 기법을 여러분에게 쓸려고 하면 "도대체 제가 그 보다 얼마나 더 좋은 조건을 내놓아야 합니까?"라고 대응하라. 그러면 이 말로 상대방은 구체적인 내용을 꼭 집어 말하게 될 것이다.

총 거래 액수로 마음을 빼앗기지 말고 현재 협상중인 액수에 집중하라. 만약 여러분이 2천 불을 양보한다면, 그 협상이 10만 불짜리이건 1만 불짜리이건 양보하는 액수는 여전히 2천 불이라는 점이다 (Dawson, 1999: 45).

7 기본 영어 표현(시작 단계)

A 첫인사하기

- It's great to see you. I am looking forward to our meeting today.
  (뵙게 되어 정말 반갑습니다. 오늘 미팅이 정말 기대됩니다.)

어휘 **be looking forward to~** ~를 학수고대하다

B 가벼운 대화

- What have you been doing since we last saw each other? How are things?
  (지난번에 만난 이후 어떻게 지내셨어요? 잘 지내시죠?)
- How is it going? (어떻게 지내셨어요?)
- How are things in the States? (미국은 요즘 어때요?)
- What's new here in Korea? (여기 한국은 어떻습니까?)
- Is this your first visit to Korea? (이번이 처음 한국 방문이신가요?)
- How was your flight? (여행은 어떠셨나요?)
- Is your hotel comfortable? (호텔은 편안하신가요?)
- Are you satisfied with your hotel? (호텔은 만족스러우신가요?)
- How long have you been with the company? (이 회사에 얼마나 오래 다니셨어요?)
- When did you join the firm? (언제 입사하셨어요?)

어휘 **What have you been doing?** 어떻게 지내셨어요? **How is it going?** 어떻게 지내셨어요?
How are things in ~? ~는 요즘 어때요? **What's new?** 무슨 새 소식 있나요?
comfortable 편안한 **satisfied with~** ~에 만족스러운 **join the firm** 입사하다

C 본격 협상 준비

- Enough in the way of small talk. Let's get down to business.
  (담소는 이정도로 충분합니다. 이제 본론으로 들어갑시다.)

- Well, can we get things going? (그럼, 우리 시작할까요?)

- Are we ready to begin? (시작할 준비가 되었나요?)

- We're short of time, so let's get started now. (시간이 없으니, 시작하도록 합시다.)

- How about getting down to business? (이제 본론으로 들어가는 게 어떨까요?)

어휘 **Enough in the way of small talk.** 담소는 이정도로 충분하다
get down to business 본론으로 들어가다 **get things going** 일을 진행시키다
short of time 시간이 부족한 **get started** 시작하다

8 기본 구문 연습(시작 단계)

❶ I would like to begin by (with a few words about~):
~로 (~에 대한 이야기로) 회의를 시작하고자 합니다.

➲ **I would like to begin by** going over the agenda for today's negotiations.
(오늘 협상의 의제를 살펴보는 것으로 시작하고자 합니다.)

➲ **I would like to begin by** summarizing the points we have agreed on so far.
(지금까지 우리가 합의한 내용을 요약하는 것으로 시작하고자 합니다.)

➲ **I would like to begin by** outlining our main aims and objectives today.
(오늘 우리의 주요 목적과 목표를 요약하는 것으로 시작하고자 합니다.)

어휘 **agenda** 의제 **summarize** 요약하다 **outline** 개요를 말하다

❷ We are here today to: 오늘 우리는 ~하고자 여기에 모였습니다.

➲ **We are here today to** hammer out a deal with you.
(오늘 우리는 귀사와의 거래를 마무리 하고자 여기에 모였습니다.)

➲ **We are here today to** work out a workable schedule for the project.
(오늘 우리는 프로젝트 실행이 가능한 일정을 잡고자 여기에 모였습니다.)

➲ **We are here today to** close a gap between the differences on several issues we revealed in the last meeting.
(오늘 우리는 지난 회의에서 나타났던 몇 가지 사안들에 대한 견해 차이를 좁히고자 여기에 모였습니다.)

어휘 **hammer out a deal** 거래 문제를 해결하다 **workable** 실행할 수 있는
close a gap 견해 차이를 좁히다 **reveal** 드러내다

❸ We hope to reach an agreement (find a middle ground) on:
~에 대해 합의를 보았으면(합의점을 찾았으면) 합니다.

➲ **We hope to reach an agreement(find a middle ground) on** the price for this product.
(그제품의 가격에 대해 합의를 보았으면(합의점을 찾았으면) 합니다.)

➲ **We hope to reach an agreement (find a middle ground) on** the fundamentals of what we both want to accomplish through the project.
(프로젝트를 통해 양 측이 달성하고자 하는 기본 사안에 대해 합의를 보았으면 (합의점을 찾았으면) 합니다.)

어휘 find a middle ground 합의점을 찾다 fundamental 기본 사안 accomplish 달성하다

❹ It would be of particular interest to us to ~:
~하는 데에 특히 관심이 있습니다.

➲ **It would be of particular interest to us to** explore outsourcing possibilities.
(아웃소싱의 가능성을 모색하는 데에 특히 관심이 있습니다.)

➲ **It would be of particular interest to us** if you could make some concessions **to** make this project work.
(이 프로젝트가 실행되도록 귀사에서 양보를 해 줄지에 특히 관심이 있습니다.)

어휘 explore 모색하다, 탐구하다 make some concessions 약간의 양보를 하다

❺ What is ~ you're willing to consider?: ~는 어느 정도까지 고려하고 계십니까?

➲ **What is** the lowest unit price **you're willing to accept**?
(기꺼이 수락하실 수 있는 최저 단가는 어느 정도까지 입니까?)

➲ **What is** the longest term **you're willing to consider**?
(최장 계약기간에 대해서는 어느 정도까지 고려하고 계십니까?)

➲ **What is** the most amount of money **you're willing to** spend on this project?
(프로젝트에 쓸 수 있는 최고 금액은 어느 정도까지 고려하고 계십니까?)

어휘 **unit price** 단가

❻ What we're looking for is ~.: 우리가 바라는 것은 ~입니다.

➲ **What we're looking for is** an additional 5% discount on bulk order
(우리가 바라는 것은 대량주문 시 5%의 추가 할인을 받는 것입니다.)

➲ **What we're looking for is** easier payment terms on the financing
(우리가 바라는 것은 자금조달 시 좀 더 용이한 지불조건입니다.)

어휘 **bulk order** 대량주문 **payment terms** 지불 조건 **financing** 자금조달, 금융지원

❼ What exactly are you asking us to do about ~?: 귀사는 ~에 대해 정확히 우리에게 무엇을 요구하는 겁니까?

➲ **What** exactly **are you asking us to do about** the prices?
(귀사는 가격에 대해 정확히 우리에게 무엇을 요구하는 겁니까?)

➲ **What exactly are you asking us to do about** the time frame of the project?
(귀사는 프로젝트의 일정에 대해 정확히 우리에게 무엇을 요구하는 겁니까?)

어휘 **exactly** 정확히 **the time frame** (소요되는) 시간, 일정

❽ What you need from me is ~. Am I right?: ~을 해달라는 거군요. 맞습니까?

➲ **What you need from me is** a firm financial commitment from us. **Am I right?**
(재정지원을 확고히 해달라는 거군요. 맞습니까?)

➡ **What you need from me is** a steep discount on the parts we're supplying. **Am I right?**
(우리의 납품 부품가격을 파격적으로 할인해달라는 거군요. 맞습니까?)

➡ **What you need from me is** our investment in a new production facility to handle high-volume orders. **Am I right?**
(대량주문을 감당할 수 있는 생산설비에 투자해달라는 거군요. 맞습니까?)

어휘 firm financial commitment 확고한 재정지원 약속 steep 가파른, 파격적인
investment in ~에 대한 투자 facility 시설 handle 처리하다, 감당하다
high-volume orders 대량 주문

9 **We're not clear on what you mean by ~:**
~이 무슨 뜻인지 명확하게 이해하기가 힘드네요.

➡ **We're not clear on what you mean by** meeting your quality standards.
(귀사의 품질 기준에 맞춘다는 것이 무슨 뜻인지 명확하게 이해하기가 힘드네요.)

➡ **We're not clear on what you mean by** wanting an escape clause in the contract.
(계약상 면책조항을 원한다는 것이 무슨 뜻인지 명확하게 이해하기가 힘드네요.)

어휘 mean by ~ ~을 의미하다 escape clause 면책 조항

10 **I would love to hear what you think about ~:**
~에 대해 어떻게 생각하시는 지 듣고 싶습니다.

➡ **I would love to hear what you think about** our demands.
(우리의 요구에 대해 어떻게 생각하시는 지 듣고 싶습니다.)

➡ **I would love to hear what you think about** increasing our manpower.
(우리의 인력을 증강시키는 것에 대해 어떻게 생각하시는 지 듣고 싶습니다.)

I would love to hear what you think about the issue of financing our project.
(우리의 프로젝트에 자금을 조달하는 문제에 대해 어떻게 생각하시는 지 듣고 싶습니다.)

어휘 manpower 인력

⑪ Could you give me ~ that would be acceptable for you?:
귀사가 수락할 수 있는 ~를 말씀해 주시겠어요?

Could you give me a price range(an estimate, a ballparkfigure) **that would be** acceptable **for you?**
(귀사가 수락할 수 있는 가격범위(추산 액, 대략적 수치)를 말씀해 주시겠어요?)

Could you give me an extent of compensation amounts **that would be acceptable for you?**
(귀사가 수락할 수 있는 보상액 범위를 말씀해 주시겠어요?)

어휘 range(an estimate, a ballpark figure) 범위(추산 액, 대략적 수치) acceptable 수락할 만한 extent 정도 compensation amount 보상액

⑫ Who is the final decision maker on ~?(Who gives the final approval on ~?):
~에 대한 최종 결정권자가 누구입니까?(~에 대해 누가 최종 승인을 합니까?)

Who is the final decision maker on allocating the budget for next year?
(내년도 예산분배에 대한 최종 결정권자가 누구입니까?)

Who gives the final approval on the legality of the contract?
(계약의 적법성에 대해 누가 최종 승인을 합니까?)

어휘 allocate 배분하다 budget 예산 legality 적법성

⓭ I'm not in the position to ~.(I have no power to ~.):
저는 ~할 권한이 없습니다.

➲ **I'm not in the position to** make a decision on this issue.
(저는 이 문제에 대해 결정할 권한이 없습니다.)

➲ **I have no power to** give an answer at this moment.
(저는 지금 귀사에 답변할 권한이 없습니다.)

➲ **I have no power to** approve the discounts you're asking.
(저는 귀사가 요구하는 가격인하를 승인할 권한이 없습니다.)

CHAPTER

3 파워협상 전략: 중간 단계

이번에는 협상에 탄력을 가하여 계속 여러분에게 유리한 방향으로 진행해 가는 중간단계 전략을 이야기 해보자. 이 단계에서는 다른 상황들이 작용하게 된다. 각자가 내놓는 패가 소용돌이치면서 새로운 기류를 만들어 낸다. 이러한 압박 하에서 여러분이 어떻게 대처하여야 종국에는 협상이라는 게임의 주도권을 잡게 되는 지 알아보고자 한다.

1 결정권이 없는 상대방 다루기

A 상대방에게 여러분이 결정권자임을 알리지 말라. 나보다 높은 윗분인 Higher Authority를 활용하는 것은 매우 효과적이다.

이 전략이 효과적인 이유는 간단하다. 일단 여러분이 협상 자리에서 쉽게 승낙을 해주면, 상대방은 자기가 이 협상거래에서 우위를 갖게 된다는 것을 알게 된다. 그러나 여러분이 상대방에게 여러분의 윗분들의 허락을 받아야 한다고 말하면, 그 상대방은 더욱 여러분을 설득하려 할 것이고, 여러분의 윗분들께 잘 말씀드려달라고 부탁하게 된다.

여러분은 제안을 내놓거나 결정을 내리기 전에 항상 상의할 더 높은 분을 갖고 있어야 한다. 자신을 결정권자라고 밝히는 협상가는 그 누구라도 자신을 매우 불리한 위치에 놓은 셈이 된다. 이를 다음 협상의 예를 통해 살펴보자.

(예) 구매자의 대응

Buyer: This looks fine. I do just have to run it by my board of directors, but I'll get back to you tomorrow with the final okay.

<There is no approval needed by the board of directors, but the next day the Buyer gets back to the Seller.>

Buyer: Boy, are my directors tough to deal with right now. I felt so positive that I could sell it to them, but they just won't go along with it unless you can shave another couple of hundred dollars off the price.

출처: Dawson (1999: 48)

해석 구매자: 이 안은 좋아 보이네요. 하지만 저는 지금 이사회에 돌려봐야 합니다. 하지만 최종낙점을 받아 다시 찾아뵙지요.

〈이사회 승인 같은 것은 필요가 없는데, 그 다음 날 구매자는 다시 판매자를 만난다.〉

구매자: 세상에, 저희 이사진들과 처리하기에 지금은 어렵겠네요. 그들의 동의를 받아내는 일이 매우 가능하다고 봤는데, 그 가격에서 2-3백 불을 더 깎을 수 없으면 그분들은 이대로 가지 않을 거예요.

어휘 **approval** 승인 **deal with~** ~을 다루다 **positive** 긍정적인 **sell** 상대방의 동의를 구해보다 **shave off** 깎아 버리다

B 여러분의 윗분은 특정 인물이 아니라, 위원회, 이사회 등 애매모호한 대상이어야 한다.

그렇게 애매모호한 대상이라면 상대방은 접근하기가 어렵겠다고 생각하게 된다. 이렇게 "윗분" 활용 기법은 대결구도 없이도 상대방에게 압박을 줄 수 있다. 반대로, 다음 협상의 예에서처럼 상대방이 자신의 윗분을 구체적으로 말해버리면, 여러분은 그 분을 만나자고 하면 된다. 이제 한 협상의 예를 살펴보자.

(예) 대출담당자

Loan Officer: Your package is on the president's desk.

You: Well, let's go talk to the president right now. Let's get it resolved

출처: Dawson (1999: 49)

해석 대출담당자: 선생님의 서류뭉치가 사장님 책상위에 있어요.
여러분: 그러면, 지금 당장 사장님께 가십시다. 그거 해결해 봅시다.

어휘 **resolved** 해결된

C 여러분이 회사 소유자라 할지라도 여러분의 회사 조직원들의 의견을 밑으로 받아내려 가야 한다고 말하면서 이 기법을 여전히 사용할 수 있다.

이 경우 여러분의 윗분은 여러분 회사 식구들이고, 바로 이 사람들에게 여러분이 최종 결정권을 위임한 모양새가 되는 것이다. 여러분이 최종 결정자임을 자인하도록 유도하는 상대방의 술수에 절대 넘어가지 마라. 이에 관한 다양한 협상의 예들을 보자.

(예) 세 든 사람과 집 주인

Tenant: We've got this cigarette burn in the carpet, and it needs to be replaced

Owner: I don't think I can get the owners to do that for you just now. I know you keep paying the rent on the first of the month, and in about 6 months, I'll talk about it with the owners. Let me see what I can do for you with them at that time.

출처: Dawson (1999: 49)

해석 세 든 사람: 카펫에는 담뱃불 탄 자리가 있어요. 바꿔주셔야겠어요.
집 주인: 지금 당장 집 주인들께 그렇게 해 달라고 하기는 어렵겠는데요. 매달 첫날 월세 꼬박꼬박 내시는 것도 알고 있으니, 6개월 내에 그 문제에 대해 집 주인들과 이야기하겠어요. 그때 가서 당신을 위해 내가 그 분들과 할 수 있는 것을 알아보죠.

어휘 **cigarette burn** 담뱃불 탄 자리 **replace** 바꾸다 **rent** 임대료

(예) 상대방과 최고 결정자인 여러분

Opponent: You do have the authority to make a decision, don't you?

You: It depends on what you're asking. There's a point at which I have to go to my marketing committee.

출처: Dawson (1999: 49)

해석 상대방: 당신이 정말 결정권이 있잖아요, 안 그래요?
여러분: 그거야 선생님께서 무엇을 요구하느냐에 달렸죠. 저도 마케팅위원회에 가 봐야 할 시점이 있어요.

어휘 **depend on** ~에 달려있다

D 여러분의 제안이 상대방의 요구를 충족한다면 이를 상대방이 승인해 줄 수 있다는 점을 받아들이도록 만들어 보라. 만약 이것이 실패하면, 2가지 대응전략을 써 보라. 하나는 상대방의 자아에 호소하는 것이고, 또 다른 하나는 상대방으로 하여금 자신의 윗분에게 추천해 주겠다는 약속을 받아 내는 것이다.

종종 자아가 강해서 그 충동을 잘 받는 사람들은 자신은 그 누구의 승인도 필요 없다고 자랑스럽게 말해버리는 실수를 할 것이다. 또한 여러분이 끝까지 상대방의 윗분이나 위원회 등의 승낙을 받아달라고 조르면, 그런 건 없다고 실토할 지도 모른다. 이제 이와 관련된 협상의 예들을 보자.

(예) 올바른 대응

You: Let me be sure I understand. If this proposal meets all of your needs, is there any reason why you wouldn't give me a decision today?

출처: Dawson (1999: 52)

해석 여러분: 제가 제대로 이해했는지 확인 좀 해보죠. 만약 이 제안이 귀하의 요구를 모두 충족해 준다면 오늘 결정을 내려주시지 못할 이유라도 있나요?

어휘 **meet** 충족시키다

(예) 상대방 자아에 호소하기

You: They always follow your recommendations, don't they?

Ego-driven person: Well, I guess you're right. If I like it, then you can count on it.

You: Do you think that if you took this to your supervisor, she'd approve it?

출처: Dawson (1999: 53)

해석 여러분: 그분들은 늘 귀하의 추천을 따르시죠, 그렇지 않나요?
자아충동적인 사람: 글쎄요. 선생님 말씀이 맞는 것 같군요. 제가 맘에 들어 하면, 그걸 믿으셔도 됩니다.
여러분: 이것을 귀하의 상사에게 가져가면 승인해주리라고 보시죠?

어휘 **recommendation** 추천 **Ego-driven** 자아 충동적인 **count on** ~을 믿다
supervisor 감독관, 상사

(예) 윗분에게 추천하기

Manager: Thank you for coming in for the interview. I'll report back to the committee at head office, and you'll be hearing from them.

You: You'll recommend me to the committee, don't you?

Manager: Yes, it looks good to me. I'll go to bat for you with them. Well, yes, I guess I'm willing to give you a try.

출처: Dawson (1999: 54)

해석 부장: 인터뷰하러 와 주셔서 고맙습니다. 본사의 위원회로 다시 보고 할 것이니, 본사로부터 연락이 갈 겁니다.
여러분: 저를 위원회에 추천해 주실 거 아닌가요?
부장: 그럼요. 제가 보기엔 좋아요. 그분들에게 당신을 적극 밀어 보지요. 그래요, 제가 한 번 노력해 볼까 합니다.

어휘 **report back to** ~에게 다시 보고하다 **recommend** 추천하다 **go to bat for** ~을 적극 지원하다
give a try 한번 해보다

F 여러분이 결정을 할 준비가 되지 않았는데도 상대방이 일을 강요할 경우, 여러분이 결정한다 해도 다른 사람들과 검토할 시간을 주지 않으면 그 답은 "아니오."임을 알려주라.

다음의 협상에서 이와 관련된 상황을 알아보자.

(예) 결정을 내리라고 강요받는 경우

Opponent: Give me what I need on this one right now, or I'll have to go with your competitor.

You: I'm happy to give you an answer right now if you want it. The answer has to be "no". Tomorrow, after I've had a chance to talk to my estimating people, the answer might be "yes". So why don't you wait until tomorrow and see what happens, fair enough?

출처: Dawson (1999: 57)

해석 상대방: 이 건에 대해 지금 당장 제게 필요한 것을 주십시오. 그렇지 않으면 귀사의 경쟁업체한테 갈 겁니다.

여러분: 원하시면 당장이라도 답변을 드리죠. 그 답은 "노"입니다. 내일 제가 평가부서 사람들과 이야기 할 기회를 갖고 난 후에는 "예스"로 될지도 몰라요. 그러니 내일 까지 기다려서 일이 어떻게 되는 지 지켜보시는 게 어떨까요? 이정도면 충분히 공평하지요?

어휘 competitor 경쟁사 estimate 추산하다 why don't you ~? ~하는 것은 어떤가요? fair 공정한

2 경감되는 서비스의 가치

A 물건의 가치는 올라갈 수 있지만, 서비스의 가치는 항상 여러분이 그 서비스를 제공해 준 후에는 급격히 떨어지는 것 같다. 양보를 해주고 난 뒤 상대방도 나중에 그렇게 나에게도 해 주리라고 믿지 말라.

하시라도 협상 시 상대방에게 양보해 줄 때에는 즉시 상호 호혜적인 양보를 요구해야 한다. 기다리지 말라. 여러분 상대방에게 준 호의는 그 가치가 매우 빨리 없어진다. 다음 협상의 예에서 이를 알아보자.

(예) 여러분이 부품 공급문제로 공황상태에 처한 남자를 해결해 준 경우

Man: I can't believe you were able to do that for me. That is unbelievable service. You're incredible. Love you, love you, love you.

You: Happy to do it for you. That's the kind of service we can give when we have to. Don't you think now is time for you to see my company as your main supplier?

Man: That does sound good, but I don't have time to talk about it now because I've got to get over to the assembly line and be sure that it's running smoothly. Come to my office Monday morning at 10 and we'll go over it. Better yet, come by at noon and I'll buy you lunch. I really appreciate what you did for me. You are fantastic. Love you, love you, love you.

<The negotiation with him on Monday is as hard as ever.>

출처: Dawson (1999: 60)

해석 남자: 당신이 날 위해 그걸 해내다니 믿을 수 없군요. 믿을 수 없는 서비스예요. 당신은 믿기 어려울 정도로 대단해요. 고마워요, 고마워요, 정말, 정말 고맙고 고마워요.

여러분: 당신을 위해 이 일을 해드리니 저도 기쁘군요. 이런 서비스야말로 우리가 꼭 해드려야 할 때 해드릴 수 있는 것이죠. 이제야말로 저희 회사를 귀사의 주요 공급업체로 보실 때라고 생각하지 않으십니까?

남자: 좋은 말씀인데요, 지금은 말씀드릴 시간이 없군요. 생산조립라인에 가서 제대로 돌라 가는지 확

인해 봐야 하거든요. 월요일 오전 10시에 제 사무실로 오세요. 우리 그 문제를 검토해 보지요. 아니, 이게 더 좋겠네요. 12시에 들리세요. 제가 점심 사죠. 제게 해주신 수고에 대해 정말 감사드려요. 당신 정말 멋지십니다. 고마워요, 고마워.

〈그와의 월요일 협상은 예전만큼이나 힘겨운 것이었다.〉

어휘 **incredible** 믿을 수 없는 **go over** 검토하다 **come by** 들르다 **appreciate** 감사하다 **fantastic** 멋진

B 일 끝낸 뒤가 아니라 일하기 전에 미리 수고비에 대해 협상하라.

다음 협상은 수리하는데 5분밖에 걸리지 않은 어느 배관공이야기이다.

(예) 어느 배관공의 경우

Plumber: I have identified the problem, and I can fix it for you. It will cost you $150.

<It took only 5 minutes to do the work.>

You: Now wait a minute. You're going to charge me $150 for 5 minutes of work? I'm a nationally known speaker, and I don't make that kind of money.

Plumber: I didn't make that kind of money either - when I was a nationally known speaker.

출처: Dawson (1999: 68)

해석 배관공: 문제가 뭔지 알아냈어요. 고쳐드릴 수 있습니다. 150불이 되겠습니다.

여러분: 잠깐만요. 5분을 일하고 150불을 달라니요? 제가 전국적으로 유명한 강연자인데요, 나도 그런 돈은 못 벌어요.

배관공: 제가 전국적으로 알려진 연사였을 때에도 그런 돈은 못 벌었지요.

어휘 **identify** 규명하다 **charge** 비용을 요구하다

3 차이를 반으로 가르자는 제안은 하지 말라

A 차이를 반으로 가르는 것이 공평한 일이라는 생각의 함정에 빠지지 말라.

We have a tremendous sense of fair play, which dictates to us that if both sides give equally, then it's fair. Splitting the difference doesn't mean down the middle, because you can do it more than once. Just split the difference twice and the split becomes 75%/25%. So, never offer to split the difference yourself, instead encourage the other person to offer to split the difference (Dawson, 1999: 63).

해석 우리는 페어플레이에 대해 엄청난 의미를 갖는다. 우리는 양 쪽이 똑같이 갖게 되면 공평하다는 생각의 지배를 받는다. 차이를 반으로 쪼갠다는 것이 중간이 된다는 의미는 아니다. 왜냐면 반쪽으로 나누기를 한 번 이상 할 수 있기 때문이다. 이를 두 번 하면 쪼갠 결과는 75%/25%가 된다. 그러므로 여러분 스스로 반으로 나누자고 제안하지 말라. 반대로 상대방보고 차이를 반으로 나누자고 부추기라.

어휘 **tremendous** 엄청난 **dictate** 지배하다 **splitting the difference** 차이를 반으로 쪼개기
encourage 장려하다, 부추기다

B 상대방으로 하여금 차이를 반으로 나누자는 제안을 하게 함으로써, 여러분은 그로 하여금 타협안을 제안하는 입장에 서게 만든다. 그 후 여러분은 마지못해 그의 제안에 동의를 해주어, 자기가 이겼다는 기분을 들게 만들어 줄 수 있다.

이제 위의 상황을 설명해주는 건물 시공계약자와 건물주인 간의 협상의 예들을 보자.

(예) 차이를 반으로 쪼개기 -1

Contractor: It seems like such a shame when we we've both spent so much time working on this proposal, and we've come so close to a price that it's all going to collapse, when we're only $4,000 apart.

Owner: Look, why don't we split the difference?

Contractor: Let's see, splitting the difference, what would that mean? I'm at $84,000 and you're at $80.000. What you're telling me is you'd come up to $82,000?

Owner: Well, yes. If you'll come down to $82,000, then we'll settle for that.

Contractor: $82,000 sounds a lot better than $80,000. Tell you what, let me talk to my partners and see how they feel about it. I'll tell them you came up to $82,000, and I'll get back to you tomorrow.

출처: Dawson (1999: 64)

해석 계약자: 우리 둘 다 이 제안가지고 그렇게 많은 시간을 보내면서 거의 가격대도 가까이 근접해왔는데, 겨우 4천 불 차이로 결렬되려고 한다니 상당히 부끄러운 일 같습니다.

주인: 이봐요, 우리 그 차액을 반으로 쪼개면 어떨까요?

계약자: 글쎄요. 차액을 반으로 쪼개다니 무슨 뜻이죠? 저는 84,000불이라고 하고, 당신은 80,000 불인데, 지금 제게 하시는 말씀은 82,000 불로 하시겠다는 건가요?

주인: 아, 그래요. 당신이 82,000불로 내려주면 그 문제는 해결하게 되겠네요.

계약자: 82,000 불이 80,000 불보다 훨씬 좋아 보이네요. 그럼 있잖아요, 제 파트너들과 상의해서 그들이 어떻게 생각하는 지 알아보죠. 당신이 82,000 불까지 값을 내려주었다고 전하지요. 그럼 내일 다시 오겠어요.

어휘 shame 부끄러운 일 collapse 무너지다 apart 떨어진 come up to ~ ~까지 값을 올리다 come down to~ ~까지 값을 내리다 settle 해결하다

다음 날 이 두 사람 간의 협상이 다음과 같이 이어지고, 결국 건물 시공계약자는 추가로 1,000불을 벌게 된다. 그러나 협상 결과가 82,000 불로 종결되었다고 해도 건물 주인은

자기가 협상에서 이겼다고 생각한다. 왜냐하면 건물 주인의 82,000 불이라는 제안을 시공계약자가 억지로 합의해 준 것처럼 보이기 때문이다.

(예) 차이를 반으로 쪼개기 -2

Contractor: Wow, are my partners tough to deal with right now. I felt sure that I could get them to go along with $82,000, but we spent 2 hours last night going over the figures again, and they insist that we'll lose money if we go a penny below $84,000. But we're only $2,000 apart on this job now. Surely, we're not going to let it fall apart when we're only $2,000 apart?

Owner: Okay, let me offer you to split the difference again and close at $83,000.

출처: Dawson (1999: 65)

해석 계약자: 와, 제 파트너들이 지금 이 문제를 다루는데 있어 어찌나 거칠게 나오는지요. 전 그들을 82,000 불에 따라오도록 할 수 있다고 봤어요. 그러나 우리는 지난 밤 2시간을 수치 재검토 하느라고 보냈는데, 우리가 84,000 불에서 한 푼이라도 내려가면 손해가 난다고 고집하네요. 하지만 지금 이 일로 의견 차이가 나는 것은 겨우 2,000 불입니다. 겨우 2,000 불 차이로 이 거래 망치는 것은 확실히 아니죠?

주인: 좋아요. 그럼 그 차액을 다시 반으로 가르자는 제안을 하죠. 그리고 83,000 불에 마무리 집시다.

어휘 **go along with** ~에 따르다 **figures** 수치들 **insist** 고집하다 **fall apart** 와해시키다 **close at** ~에 종결하다

4 막다른 상태 처리하기

A 막다른 상태와 교착상태를 혼동하지 말라.

impasse: You're in complete disagreement on one issue, and it threatens the negotiations.

stalemate: Both sides are still talking, but seem unable to make any progress toward a solution.

deadlock: The lack of progress has frustrated both sides so much that they see no point in talking to each other any more (Dawson, 1999: 66).

해석 막다른 상태: 한 문제에 대해 완전한 의견 불일치 상태에 있고, 이 상태가 협상을 위협한다.

쌍방 수가 모두 막힌 판국: 쌍방이 말은 서로 나누고 있지만 해결을 향해 한 발도 나아가지 못하는 것처럼 보인다.

교착상태: 진전이 전혀 없어 쌍방이 모두 매우 좌절을 느끼고 더 이상 서로 이야기 할 의미를 찾지 못한다.

어휘 complete 완전한 threaten 위협하다 make any progress 어떠한 진전을 보이다
lack 결여, 결핍 frustrate 좌절시키다

다음 협상의 예를 보자.

(예) 막다른 상태이지 교착상태는 아님

case ①: "You'll have to cut your price by 2 % a year for the next 5 years, or we'll have to resource."

case ②: "I'd love to do business with you, but you charge too much. I have 3 other bids that are way below what you're asking."

해석 사례 ①: 앞으로 5년 동안 매 해 2%씩 가격을 깎아주셔야 할 겁니다. 그렇지 않으면 우리는 다른 자원을 찾아봐야 할 것입니다."

사례 ②: 귀사와 정말 비즈니스를 하고 싶습니다만, 너무 값을 부르십니다. 요청하신 액수 보다 훨씬 아래 가격으로 입찰을 낸 곳이 3군데나 있습니다.

어휘 **by** ~의 차이로 **resource** 자원을 구하다 **bid** 입찰(을 낸 업체) **way below** 훨씬 아래인

B "일단 옆으로 밀어두기" 전략으로 막다른 상태를 처리하라

By using the Set-Aside Strategy such as 'Let's just set that aside for a moment and talk about some of the other issues, shall we?', we can gain momentum as we settle minor issues. When you use this strategy, you resolve many of the little issues first to establish some momentum in the negotiation before leading up to the big issues (Dawson, 1999: 68).

해석 "잠시 그 문제는 옆으로 밀어두고 다른 문제들을 이야기 해 볼까요?" 라고 말하는 이 옆으로 밀어두기 전략을 사용하여, 우리는 작은 문제들을 해결해 가면서 힘을 얻을 수 있다. 여러분이 이 전략을 사용하여 사소한 문제들을 먼저 많이 해결하게 되면, 큰 문제로 끌어올리기 전에 협상에 어느 정도 힘을 실을 수 있다

어휘 **Set-Aside** 옆으로 밀어두기, 접어두기 **gain momentum** 힘(여세, 타성)을 얻다
resolve 해결하다 **lead up to** ~까지 끌어올리다

이렇게 사소한 문제들을 먼저 다루면 탄력이 생겨서 다음의 큰 문제들도 해결하기 쉽다. 그러나 협상 시 한 문제가지고만 서로 이견을 좁혀가려고 하지 말라. 문제 하나를 놓고 힘겨루기를 하면, 승자와 패자가 극명해지기 때문이다. 이제 현안문제를 잠시 접어두기전략의 예를 다음 협상대화에서 알아보자.

(예) 옆으로 밀어두기 전략

Buyer: We might be interested in talking to you, but we have to have a prototype from you by the 1st of the next month for our annual sales meeting. If you can't move that quickly, let's not waste time even talking about it.

Seller: I understand exactly how important that is to you, but let's just set that aside for a minute and talk about the other issues. Tell me about the specs on the job. Do you require us to use union labor? What kind of payment terms are we talking about?

출처: Dawson (1999: 68)

해석 구매자: 우리는 귀하와 이야기 하는 것에도 관심이 있겠지만, 우리의 연례 판매회의에 필요한 표준을 다음 달 1일까지 귀하로부터 받아야 해요. 만약 그렇게 빨리 움직일 수 없다면 그것에 대해 논의하는 것조차 시간낭비죠.

판매자: 그것이 귀하에게 얼마나 중요한 것인지 저도 잘 알고 있습니다만, 잠시 그 문제는 어두고 다른 문제들에 대해 논의 합시다. 그 작업의 명세서에 대해 말씀해주세요. 저희들보고 노조인력을 사용하라고 요구하시는 건가요? 우리가 이야기하고 있는 임금조건들은 어떤 것인가요?

어휘 **prototype** 원형, 원본, 표준 **annual** 해마다의 **specs** 명세서, 시방서 **require** 요구하다 **union labor** 노동조합원 근로인력

5 쌍방 수가 모두 막힌 판국 처리하기

A 쌍방 수가 모두 막힌 판국에서도 여전히 양자는 해결을 찾고자 하지만, 둘 다 한 발자국도 움직일 방법을 알 수가 없다. 쌍방 수가 모두 막힌 판국에 대한 대응은 협상 요소 중 하나를 변경하여 협상의 역동성을 바꾸는 것이다.

협상의 역동성에 변화를 줄 수 있는 방법들은 다음과 같다 (Dawson, 1999: 70-71).

❶ 협상 팀 구성원 교체

"I have to be in court this afternoon, so my partner Charlie will be taking my place."
(제가 오늘 오후 법원에 갈 일이 있어서요, 제 파트너인 찰리가 제 대신 맡아줄 것입니다.)

❷ 협상장소 변경

"Shall we continue the discussion over lunch/dinner?"
(우리 점심/저녁식사를 하면서 논의를 계속할까요?)

❸ 상대방의 신경을 건드리는 팀원을 빼기

❹ 담소로 긴장감 줄이기

❺ 보다 긍정적인 생각을 가질 수 있는 분야로 바꾸기

6 교착상태 처리하기

A 진정한 교착상태를 해결하는 유일한 방법은 제 3자 영입이다

Don't see having to bring in a third party as a failure on your part. The third party acts as a mediator or an arbitrator. Mediators can only facilitate a solution, but both sides agree up front that they will abide by an arbitrator's final decision (Dawson, 1999: 74).

해석 제 3자를 불러들여야한다는 것을 여러분 측에서 협상에 실패한 것으로 보지 말라. 그 제 3자는 중재자 또는 조정자 역할을 한다. 중재자(mediator)는 해결을 촉진시킬 뿐이지만, 쌍방은 아예 처음부터 조정판정자(arbitrator)의 최종결정은 따르겠다고 합의하게 된다.

어휘 bring in 불러들이다 on your part 당신 측에서 mediator 중재/조정자
arbitrator 중재/조정판정자 facilitate 촉진시키다 up front 아예 처음부터
abide by 지키다, 준수하다

B 제 3자는 쌍방이 보기에 중립적이어야 한다

만약 제 3자가 진정한 중립인이 아니라면, 제 3자로 불려오게 된 그 사람은 협상 초부터 상대방에게 약간의 양보를 함으로서 자신이 중립을 지키려함을 보여야 한다. 다음은 백화점에서 고객과 영업직원 사이에 언쟁이 있어 불려나간 지배인이 보여주는 제 3자의 예이다.

(예) 백화점 지배인의 대응

"I haven't had a chance to get into this yet. Why don't you both explain your position and let me see if I can come up with a solution that you can both live with."

<Having patiently heard both sides out, the manager positions himself as neutral in the customer's eyes by saying to the salespeople>

"Are you being fair pushing that? Perhaps you could give a little concession on this matter."

출처: : Dawson (1999: 74)

해석 "이 문제를 아직 알아보지 못했습니다. 두 분 다 각자 입장을 설명해주시면 어떨까요? 두 분 모두 감수할 수 있는 해결안을 제가 내놓을 수 있는 지 알아보게요."

〈끝까지 참을성 있게 쌍방의 이야기를 다 듣고 나서, 지배인은 영업 직원에게 다음과 같이 말함으로써 자신의 입장을 중립으로 취한다.〉

"그렇게 밀어붙이는 자네가 공평하다고 보나? 이 문제에 조금 양보할 수도 있었는데."

어휘 **get into** 알아보다 **come up with** 제안하다 **live with** 감수하다 **patiently** 참을성 있게 **out** 끝까지 **position himself as~** 자신의 입장을 ~로 취하다 **neutral** 중립적인

7 항상 맞교환을 요구하라

A 상대방이 사소한 양보를 요구할 때 여러분도 항상 그 대가로 무엇인가를 요구하라

여러분이 "If we can do that for you, what can you do for us?" (만약 우리가 당신을 위해 이것을 해주면 우리에겐 무엇을 해줄 수 있습니까?) 라고 말하면, 무엇인가 대가로 받게 된다. 이는 다음 협상의 예에서처럼 여러분이 양보할 때 그 가치를 올려주게 해준다.

(예) 지게차 판매자와 구매자

Buyer: We're running ahead of schedule on the store construction. Is there any way you could move up delivery of those fork lifts to next Wednesday? I mean on August 10, 30 days ahead of our grand opening.

Seller: (X) That's great. They're sitting in our local warehouse ready to go, so I'd much rather move up the shipment and get paid sooner. We'll deliver them tomorrow if you want them.

(O) That's fine. Quite frankly, I don't know whether we can get them there so soon. I'll have to check with my scheduling people and see what they say about it. But let me ask you this, if we can do that for you, what can you do that for us?

Buyer: I'll cut the check for you. [or]

: Take care of this for me, and I'll use you again for the store that we're opening in Chicago in December.

출처: Dawson (1999: 77)

해석 구매자: 가게 건축이 예정보다 빨라지고 있어요. 그 지게차들을 다음 수요일까지 갖다 줄 수 있어요? 내 말은 우리 가게 개장 30일 전인 8월 10일까지요.

판매자: (X) 좋습니다. 저희 지게차들은 배송 나갈 준비하고 우리의 현지 보관창고에서 기다리고 있죠. 그래서 빨리 배송해 드리고 돈도 더 빨리 받으면 좋겠어요. 원하시면 내일이라도 배달해 드리죠.

(O) 좋아요. 그런데 솔직히 말해서 그렇게 빨리 갖다 드릴 수 있는지 모르겠습니다. 배송일정 담당자가 이에 대해 뭐라고 할 지 알아봐야 할 것 같아요. 하지만 이것 좀 여쭤보겠어요. 우리가 그렇게 해 드리면 저희에게는 무엇을 해 주실 건가요?

구매자: 수표를 끊어 지불해드리죠. [혹은]

이 문제만 잘 처리해 주시면 12월에 시카고에 문을 여는 가게 일에 당신과 또 거래하지요.

어휘 **ahead of** ~보다 앞선 **fork lift** 지게차 **warehouse** 보관창고

cut the check (수표를 끊어) 지불하다

B 항상 맞교환을 요구하는 전략은 계속 압박을 가해오는 상대방의 요구를 중지시켜 준다

상대방이 무엇인가를 요구할 때마다 여러분도 그 대가로 무엇인가를 요구한다는 것을 상대방도 알게 된다면, 이 전략은 상대방의 끈질긴 요구를 멈추게 해준다. 그러나 상대방이 다급한 상황에 처 해 있어 부탁을 해 올 때 여러분이 대가로 구체적인 것을 요구한다면, 협상은 그자리에서 날아 가버리는 것이다. 이제 다음 예들을 비교해보자.

(예) 대결하는 식의 대응

A: If we do that for you, you will have to do this for us.

B: Nothing. You get to keep our business, that's what you get.

출처: : Dawson (1999: 78)

해석 A: 만약 우리가 그걸 해드리면 당신은 우리를 위해 이것을 해주셔야 합니다.

B: 아무것도 못줍니다. 우리와 계속 거래할 수 있다는 거, 그게 당신이 가져갈 수 있는 겁니다.

(예) 맞교환식 대응

A: If I do that for you, what will you do for me?

B: Tell you what. The next time you use our studio, if you run overtime, we'll waive the overtime charge.

출처: : Dawson (1999: 78)

해석 A: 제가 이것을 해드리면 제게 무엇을 해주실 건가요?

B: 있잖아요, 다음 번 저희 스튜디오를 사용하실 때 사용시간 초과 시 그 초과요금을 면제 해 드리죠.

어휘 **run overtime** 초과시간을 보내다 **waive** 면제해주다 **charge** 비용

8 기본 영어 표현(중간 단계)

A 제안하기 / 맞 제안하기

- Can we just run through the agenda? (우리가 의제를 검토해 볼 수 있을까요?)

- The main objective of today's meeting is to reach(come to) an agreement about terms for the proposed joint venture. (오늘 회의의 주요 목적은 제안된 협력사업의 조건들에 대한 합의를 이루는 것입니다.)

- We'll limit this to 3 main items. (이것을 3가지 주요 항목으로 제한하겠어요.)

어휘 run through 검토하다 agenda 의제 reach(come to) an agreement 합의에 도달하다
limit this to ~ 이것을 ~으로 제한하다

B 입장 명확히 하기

- Our position is clear: we are willing to work with your company and establish an excellent working relationship that will benefit both.
(저희의 입장은 분명합니다. 저희는 기꺼이 귀사와 일할 것이며, 양사에 이익이 되는 훌륭한 사업관계를 맺고 싶습니다.)

- Our position today is firm: we are here to discuss the terms and conditions of long-term joint venture agreement.
(오늘 저희 입장은 확고합니다. 우리는 여기에서 장기 합작투자 계약의 조항과 조건들을 논의하고자 합니다.)

- We should consider the advantages to both sides.
(양쪽에 이로운 점을 고려해야 합니다.)

- We are prepared to establish a good working relationship
(우리는 훌륭한 동업관계를 맺을 준비가 되어 있습니다.)

- I'd like to talk first about the terms and conditions of the agreement that you have offered.
(귀사에서 제안한 협의안의 조항과 조건들에 대해서 먼저 얘기하고 싶습니다.)

- We'd like to first look at the agenda and then the offers for discussion.
(먼저 의제, 그 다음 논의할 제안 안들을 살펴보죠.)

- I think you've all had a chance to read our offers. So I suggest we start with the pricing. (모두들 우리의 제안을 읽을 기회가 있었던 걸로 압니다. 그러니 가격 논의부터 시작합시다.)

어휘 **Our position is ~** 우리의 입장은 ~이다 **are willing to ~** 기꺼이 ~하다 **benefit** 이득이 되다
firm 확고한 **terms and conditions** (협의의) 조항과 조건들
long-term joint venture 장기 합작투자 **advantage** 이점
establish a good working relationship 훌륭한 동업관계를 맺다

C 동의하기 / 이의 제기하기

- I'm afraid, but we can't agree to that(these terms). We can't work that way.
(유감이지만 그것에는(그 조항에는) 동의할 수 없습니다. 그런 식으로는 일 할 수 없습니다.)

- Great, we agree completely(totally).
(훌륭합니다. 우리는 전적으로 동의합니다.)

- Sorry, your initial offer is not acceptable to us.
(죄송하지만 귀하의 초기 제안은 받아들일 수 없습니다.)

- I am afraid we can't make a better offer at this time.
(유감스럽게도 이번에는 그 보다 나은 제안은 할 수 없습니다.)

- I think we should look carefully at our counter-offers.
(저희의 수정 제안(대안)을 주의 깊게 살펴보시기 바랍니다.)

- How about the offer that we have made? (저희가 내놓은 제안은 어떻습니까?)

- I'll go along with that, but we have a counter-offer we'd like to suggest.
(저는 그 의견에 찬성합니다만, 저희는 제안하고 싶은 대안이 있습니다.)

어휘 **I'm afraid, but we can't agree to ~** 유감이지만 ~에는 동의할 수 없다 **initial offer** 초기 제안
not acceptable 받아들일 수 없는 **make a better offer** 더 나은 제안을 하다
counter-offer/alternative 수정 제안(대안) **go along with** 동의하다

D 대화 중단에 대처하기

- Excuse me, may I interrupt? I suggest we discuss a cost sharing based on respective efforts.
(실례합니다만, 말씀 중에 끼어들어도 될까요? 저는 우리가 각자의 노력에 근거하여 비용분담을 논의해야한다고 제안합니다.)

- I didn't hear that. Say again, please?
(못 들었는데, 다시 말씀 해 주시겠어요?)

- Can we deal with that later? (그건 나중에 다루어도 될까요?)

어휘 **interrupt** 중단하다, 끼어들다 **cost sharing** 비용분담 **based on ~** ~에 근거하여
respective 각자의

E 추가 제안하기 / 조건달기

- May I suggest that we continue for a moment and review where we are?
(잠시 계속하면서 어디까지 왔는지 점검할까요?)

- I have a few more offers to make that I have not mentioned yet.
(아직 말하지 않은 추가 제안이 좀 있습니다.)

- If you could agree to our proposal, we will extend the terms to 2 years.
(우리 제안에 동의한다면 기한을 2년으로 연장하겠습니다.)

- Would you be interested in a long term deal if we agree to all terms and conditions?
(우리가 모든 계약 조건에 동의한다면 장기 계약에 관심이 있습니까?)

- How do you feel about this? (어떻게 생각하세요?)

- Before we go on, could we talk about some things that I am not clear on?
(계속 진행하기 전에, 제게 분명하지 않은 몇 가지에 대해 논의할 수 있을까요?)

- Excuse me, I'm not sure that I've understood everything. Could you repeat that, please?
(실례지만, 제가 다 이해한 것 같지 않은데요. 다시 말씀해 주시겠어요?)

어휘 **review where we are** 어디까지 왔는지 점검하다 **mention** 언급하다 **extend** 연장하다
Would you be interested in ~? ~에 관심 있습니까?
How do you feel about ~ ~에 대해 어떻게 생각합니까? **go on ~** ~을 계속 진행하다
clear on ~ ~에 대해 분명한

F 거절하지 않기

- I don't have the authority to decide about it. (그건 제가 결정할 문제가 아닙니다.)

- We'll think about it. (좀 더 생각해 보지요.)

- It's more expensive than expected. (예상보다 더 비싸군요.)

- I think you're asking a little too much. (좀 무리한 요구인 것 같네요.)

어휘 **authority** 권한, 권위 **than expected** 예상보다 **ask** 요구하다

G 흥정하기

- I can answer that this way. (그건 이렇게 답할 수 있겠습니다.)
- Let me answer that. (제가 답변 드리죠.)
- I would be happy to answer your question. (질문에 기꺼이 답변 드리겠습니다.)
- That is an excellent question, and I am glad that you asked.
  (아주 좋은 질문입니다. 질문해 주셔서 감사합니다.)
- Have I answered your question? (질문에 답이 되었습니까?)
- Perhaps we can discuss that at a later date if we agree on all other conditions.
  (우리가 다른 모든 조건들에 동의한다면 아마도 추후에 그것을 토의해 볼 수 있겠습니다.)

어휘 **I can answer that this way** 그건 이렇게 답할 수 있다
I would be happy to~ 기꺼이 ~하겠다.

H 확인 / 요약하기

- All right, our time is about up for today. Let's look at what we have talked about so far.
  (좋습니다. 오늘 시간이 거의 다 되었네요. 이제까지 논의한 내용을 살펴봅시다.)
- Let me restate what we came here for today.
  (오늘 우리가 여기서 합의한 것들을 재정리하겠습니다.)
- All right, I'll wrap up with a brief summary.
  (좋습니다. 간단한 요약으로 마무리하겠습니다.)

- It might be best if we went through(over) our notes.
(정리한 것을 살펴보는 게 좋겠습니다.)

- I think we should stop here and run through the points of agreement.
(저는 우리가 여기서 중단하고 합의사항들을 살펴보아야 한다고 생각합니다.)

- I believe we have covered everything. Therefore, may I suggest we review what we've agreed to?
(우리가 모든 점들을 다루었다고 생각합니다. 그러므로 우리가 합의한 것들을 검토하자고 제안해도 될까요?)

- Is there anything you want to add? (더 추가하고 싶은 게 있습니까?)

어휘 **time is up** 시간이 다 되다 **restate** 재정리하다 **wrap up with ~** ~로 마무리하다
go through(over)/run through 검토하다, 살펴보다 **have covered** 다루다

I 문서 작성하기

- We've made a lot of progress. Could we get that in writing?
(우리는 많은 진전을 이루었습니다. 그것을 서면으로 작성할까요?)

- Could we put that in an MOU/(LOA)?
(혹시 그것을 양해각서(합의서)에 넣을 수 있을까요?)

- Would you write that down in the agreement?
(합의서에 그것을 기재 하시겠어요?)

- We're are ready to draw up a contract.
(우리는 계약서를 작성할 준비가 되어 있습니다.)

- I think we should put things down in writing that we have agreed to in the form of an MOU, not a contract. (저는 우리가 합의한 것을 계약서가 아니라 양해각서의 형태로 문서화해야 한다고 생각합니다.)

어휘 made a lot of progress 많은 진전을 이루었다 get that in writing 그것을 서면으로 만들다
put that in an MOU/(LOA) 그것을 양해각서(Memorandum of Understanding)/(합의서(Letter of Agreement)에 넣다 write that down 적어 넣다, 기재하다
draw up a contract 계약서를 작성하다 put things down in writing 내용들을 문서로 작성하다
in the form of ~ ~의 형태로 draft 초안을 작성하다

9 기본 구문 연습(중간 단계)

❶ I'm sorry for pushing this issue so hard, but:
무리한 요구를 해서 죄송합니다만,

➲ **I'm sorry for** pushing **this issue so hard, but** we need a bit more financial commitment from you.
(무리한 요구를 해서 죄송합니다만, 저희는 귀사의 재정적 약속이 좀 더 필요합니다.)

➲ **I'm sorry for pushing this issue so hard, but** we're pressed for time to close this deal.
(무리한 요구를 해서 죄송합니다만, 이번 거래를 마무리하는데 시간이 촉박합니다.)

어휘 push 압박을 가하다 a bit more 조금 더 financial commitment 재정적 약속
be pressed for ~ ~에 쫓기다 close a deal 거래를 성사하다

❷ We're really prepared to (We would be more than happy to) ~ if ~.:
~한다면 기꺼이 ~하겠습니다.

➲ **We're really prepared to** supply the goods you're asking **if** you can make a 20% deposit.
(귀사가 보증금을 20% 내신다면 기꺼이 요청한 제품을 공급하겠습니다.)

➔ **We would be more than happy to** sign on the dotted line **if** you can change just a couple of terms.
(귀사가 계약조건 몇 가지만 변경해 주신다면 기꺼이 동의하겠습니다.)

➔ **We would be more than happy to** renegotiate the contract **if** you are willing to extend the contract terms.
(귀사가 계약조건을 확장한다면 기꺼이 계약을 재협상하겠습니다.)

어휘 **goods** 제품 **make a deposit** 보증금을 걸다
sign on the dotted line 서명 란에 서명하다, 무조건 동의하다 **a couple of** 몇 가지
renegotiate 재협상하다 **be willing to** 기꺼이 ~하다 **extend** 연장[확장]하다

❸ I understand your position (circumstances, stance, viewpoint), but:
귀사의 입지(상황, 입장, 관점)는/은 이해합니다만,

➔ **I understand your position, but** we still cannot accept your time frame for the project.
(귀사의 입지는 이해합니다만, 우리는 여전히 귀사의 프로젝트 진행 일정을 받아들일 수 없습니다.)

➔ **I understand your** stance**, but** we can't afford to give you a further concession on this issue.
(귀사의 입장은 이해합니다만, 우리는 더 이상 이 문제에 대해 양보를 해 드릴 수 없습니다.)

어휘 **time frame** 일정 **stance** 입장 **can't afford to** ~할 능력이 없다 **further** 더 많은
concession 양보

❹ If ~, what can we get in return? (what can you do for us?):
만약 ~라면, 그 대가로 우리는 무엇을 얻나요? (우리에게 무엇을 해줄 수 있나요?)

➔ **If** we can agree to all that, **what can we get in return?**
(만약 모든 조건에 동의한다면, 그 대가로 우리는 무엇을 얻나요?)

➲ **If** we pay the shipping costs, **what can we get in return?**
(만약 우리가 운송비를 지불한다면, 그 대가로 우리는 무엇을 얻나요?)

➲ **If** we accept the compensation clause you've proposed, **what can you do for us?**
(만약 귀사가 제안한 보상 조항을 받아들인다면, 우리에게 무엇을 해줄 수 있나요?)

어휘 compensation clause 보상 조항

5 **I'd like to run through what we've confirmed so far on ~.:**
~에 대해 지금까지 확정된 내용을 훑어보고자 합니다.

➲ **I'd like to** run through **what we've** confirmed so far **on** the management issue.
(경영관리 문제에 대해 지금까지 확정된 내용을 훑어보고자 합니다.)

➲ **I'd like to** make sure **what we've confirmed so far on** the usage of our contents for non-publishing products.
(비출판 제품에 우리의 컨텐츠를 사용하는 것에 대해 지금까지 확정된 내용을 확실히 하고자 합니다.)

어휘 run through 훑어보다 confirm 확인하다 so far 지금까지 make sure 확실히 하다 usage 사용

6 **I'm afraid (I regret to say this, but) ~ is non-negotiable (not for negotiation).:** 유감스럽습니다만, ~는 협상사안이 아닙니다.

➲ **I'm afraid** the choice of suppliers **is** non-negotiable.
(유감스럽습니다만, 납품업체 선정은 협상사안이 아닙니다.)

➲ **I'm afraid** listed prices **are** not for negotiation.
(유감스럽습니다만, 제시된 가격들은 협상사안이 아닙니다.)

➲ **I** regret to say this**, but** our return policy for the defective products **is non-negotiable**.
(유감스럽습니다만, 우리의 불량품 환불방침은 협상사안이 아닙니다.)

어휘 non-negotiable(not for negotiation) 협상사안이 아닌 regret to say this 유감스럽지만
return policy 환불방침 defective 결점이 있는

❼ I would like some time to consider (chew on, mull over, toss around) ~.:
~을 검토할 시간을 가졌으면 합니다.

- **I would like some time to consider** your new demands.
(귀사의 새로운 요구를 검토할 시간을 가졌으면 합니다.)

- **I would like some time to** chew on how we're going to go about shipping the products on time.
(어떻게 제시간에 상품을 선적할 것인지를 검토할 시간을 가졌으면 합니다.)

- **I would like some time to** mull over if we can accept your revised proposal.
(귀사의 수정된 제안을 수락할 것인지를 검토할 시간을 가졌으면 합니다.)

- **I would like some time to** toss around the wording of the rough draft of the contract you've given us.
(귀사가 준 계약서 초안의 문안을 검토할 시간을 가졌으면 합니다.)

어휘 demand 요구 chew on(mull over) 곰곰이 생각하다 go about 처리하다 on time 제시간에
revised 수정된 toss around 논의하다 wording 문안, 어법, 표현 rough 대략적인 draft 초안

❽ May I suggest we leave ~ and come back to it later?:
~는 접어 두었다가 나중에 논의할까요?

- **May I suggest we** leave this problem **and** come back to **it later?**
(이 문제는 접어 두었다가 나중에 논의할까요?)

- **May I suggest we leave** the distribution issue **and come back to it later?**
(유통문제는 접어 두었다가 나중에 논의할까요?)

어휘 leave 남겨두다 come back to 다시 돌아오다, 다시 논의하다

9 I'll have to check with ~: ~에게 확인해야 합니다.

- **I'll have to check with** by boss I can give you a definite answer.
(귀사에 확답을 드리기 전에 상사에게 확인해야 합니다.)

- **I'll have to check with** my legal team before I can approve this contract.
(이 계약을 승인하기 전에 법무 팀에게 확인해야 합니다.)

- **I'll have to check with** the IT division to see if this can be done with our technology.
(이 일이 우리 기술로 가능한 지 알아보기 위해 IT 부서에 확인해야 합니다.)

어휘 definite 확정적인 legal 법적인 approve 승인하다 division 부서 to see if ~ ~인지 알아보다

10 I think it is our joint interest to (I think it would be beneficial for both of us if) ~.: ~하는 것이 우리에게 상호 이익이 된다고 생각합니다.

- **I think it is our joint interest to** bring in an arbitrator for these negotiations.
(이 협상에 중재인을 세우는 것이 우리에게 상호 이익이 된다고 생각합니다.)

- **I think it is our joint interest to** invite an expert to help resolve this issue.
(전문가를 초빙해 이 문제를 해결하는 것이 우리에게 상호 이익이 된다고 생각합니다.)

- **I think it would be beneficial for both of us if** we call on a facilitator to speed up our negotiations.
(중재인을 세워 우리의 협상을 가속화하는 것이 우리에게 상호 이익이 된다고 생각합니다.)

- **I think it would be** beneficial **for both of us if** we get a third party's opinion on this issue. (이 문제에 대해 제 3자의 의견을 구하는 것이 우리에게 상호 이익이 된다고 생각합니다.)

어휘 arbitrator 중재인 expert 전문가 call on 불러오다 facilitator 촉진자 speed up 가속화시키다 beneficial 이득이 되는 third party 제3자

⓫ I think we've ~, so the next step is to ~.:
~한 것 같으니 다음 단계로 넘어가 ~합시다.

- **I think we've** reached a middle ground on most of the issues, **so the next step is to** draw up a formal contract.
(논점 대부분에 대해 합의에 도달한 것 같으니 다음 단계로 넘어가 정식 계약서를 작성합시다.)

- **I think we've** settled on the compensation issue, **so the next step is to** put this project into action.
(배상문제를 매듭진 것 같으니 다음 단계로 넘어가 프로젝트를 실행합시다.)

- **I think we've** agreed on the prices, **so the next step is to** talk about details of distribution costs.
(가격에 대해 합의한 것 같으니 다음 단계로 넘어가 유통비용의 세부 사항에 대해 논의합시다.)

- **I think we've** compromised on most issues, **so the next step is to** finalize the financial details.
(대부분의 문제에 합의를 이룬 것 같으니 다음 단계로 넘어가 재정상의 세부사항을 확정합시다.)

어휘 **reach a middle ground** 합의에 도달하다 **draw up** 작성하다 **settle** 해결하다
put into action 실행하다 **compromise** 보상하다 **finalize** 최종으로 확정짓다

⓬ We're more than happy to(welcome to, live with, comply with) ~.:
우리는 기꺼이 ~다.

- **We're more than happy to** accept the lower price for bulk orders as you have requested.
(우리는 기꺼이 귀사의 요청대로 대량주문에 대한 할인가격을 받아들이겠습니다.)

- **We're welcome to** take responsibility for coming up with new designs.
(우리는 기꺼이 새로운 디자인을 고안해 낼 책임을 지겠습니다.)

We'll live with the guidelines you've proposed.
(우리는 기꺼이 제안하신 지침에 따르겠습니다.)

We'll comply with your regulations.
(우리는 기꺼이 귀사의 규정을 준수하겠습니다.)

어휘 bulk orders 대량주문 take responsibility for ~에 대한 책임을 지다
come up with 제안하다, 생각해내다 live with 따르다 comply with 준수하다
regulations 규정들

13 Finally, we would like to confirm (double-check, verify, recap) the details of ~.:
마지막으로 ~에 대한 세부사항을 확정(이중검토, 검증, 재확인)하고자 합니다

Finally, we would like to confirm the details of who's going to pay for the shipping costs.
(마지막으로 운송료를 누가 지불할 것인지에 대한 세부사항을 확정하고자 합니다.)

Finally, we would like to double-check the details of this project.
(마지막으로 이 프로젝트에 대한 세부사항을 이중검토 하고자 합니다.)

Finally, we would like to verify the details of the payment structure on the deal.
(마지막으로 거래의 지불방식에 대한 세부 사항을 검증하고자 합니다.)

어휘 double-check 이중검토하다 verify 검증하다

14 We regret to inform you we cannot meet (decline, discard, turn down) ~. :
~할 수 없어(거절하게 되어) 유감입니다.

We regret to inform you we cannot meet your request under the circumstances
(상황 상 귀하의 요구에 부응할 수 없어 유감입니다.)

We regret to inform you we decline your offer at this time.
(이번에 귀하의 제안을 거절하게 되어 유감입니다.)

We regret to inform you we discard your proposal.
(귀하의 제안을 거절하게 되어 유감입니다.)

We regret to inform you we turn down your suggestion to continue these negotiations. (협상을 계속하자는 귀하의 제안을 거절하게 되어 유감입니다.)

어휘 regret to ~하게 되어 유감이다 inform 알리다 meet your request 귀하의 요청을 충족시켜주다 circumstances 상황들 decline(discard, turn down) 거절하다

15 I think we are unable to ~, but we'll let you know (get back to you, give you the answer, tell you) ~.:
~는 할 수 없을 것 같습니다만, ~을 알려드리겠습니다.

I think we are unable to give you a formal response today, **but we'll** let you know of our decision in a day or two.
(오늘은 귀사에 공식 답변을 드릴 수는 없을 것 같습니다만, 하루 이틀 후 우리의 결정을 알려드리겠습니다.)

I think we are unable to give you an answer today, **but we'll** get back to you as soon as possible.
(오늘은 귀사에 답변을 드릴 수 없을 것 같습니다만, 조만간 알려 드리겠습니다.)

I think we are unable to make the decision today, **but we'll give you the answer** within the 48 hours.
(오늘은 결정 할 수 없을 것 같습니다만, 앞으로 48시간 이내에 알려 드리겠습니다.)

I think we are unable to sign the MOU today, **but we'll tell you** tomorrow when that will be possible.
(오늘은 양해각서에 서명할 수 없을 것 같습니다만, 언제 가능하게 될 지 내일 알려 드리겠습니다.)

어휘 formal response 공식적 답변 let you know, get back to you 당신에게 알려주다 within ~이내에

16 **Perhaps we should adjourn (take a break, take some time off, put off) for a little while, and ~.:** 잠시 시간적 여유를 가지고 (쉬었다가) ~하다.

Perhaps we should adjourn **for a little while, and** think about a positive aspects of this deal for both of us.
(잠시 시간적 여유를 가지고 우리 양 측에게 이번 거래가 갖는 긍정적인 측면들을 생각해 줘야 합니다.)

Perhaps we should take a break **for a little while, and** look for ways to close the gap we're facing now.
(잠시 쉬었다가 현재 우리가 직면한 견해 차이를 좁힐 방법을 찾아야 합니다.)

Perhaps we should take some time off **for a little while, and** consider seriously if it's worth continuing these talks.
(잠시 쉬면서 이 논의를 계속할 가치가 있는지 심사숙고해야 합니다.)

Perhaps we should put off **for a little while, and** come up with a middle ground that would benefit both of us.
(잠시 쉬었다가 우리 양 측에게 유익한 합의점을 찾아내야 합니다.)

어휘 adjourn(take a break, take some time off) 휴회하다, 잠시 쉬다 positive 긍정적인
aspect 측면 look for 찾다 close the gap 간격을 없애다 seriously 진지하게
it's worth ~ing ~할 가치가 있다 put off 미루다 come up with ~을 찾아내다
middle ground 합의점 benefit 이득이 되다

CHAPTER

4 파워협상 전략: 마무리 단계

여기에서는 상대방은 여전히 자기가 협상에서 이겼다고 느끼게 만들면서도 여러분이 원하는 것을 얻어내어 협상을 끝낼 수 있는 마무리 전략을 살펴보자.

1 좋은 사람/나쁜 사람

A 여러분이 2명 이상을 다룰 때 "좋은 사람/나쁜 사람" 전략을 사용하라. 이것은 대결 없이도 상대방에게 압박을 주는 효과적인 방법이다.

다음 협상대화는 여러분이 "좋은 사람" 역할을 하고, 이사회가 "나쁜 사람" 역할을 하는 예이다.

(예) 3년간 사무실 임대

You: Could you reduce the rent from $1,700 to $1,400 a month?

Landlord: You have 2 more years on that lease and will just have to live with it.

<several weeks later>

You: About that lease, a problem has come up. I want you to know that I agree with your position. I signed a 3-year lease, there are 2 more years left on it, and there isn't any question that we should live with it. But here's the problem. I have to go into my board of directors' meeting in half an hour, and they're going to ask me if you've been willing to reduce the lease to $1,400. If I have to tell them no, they'll tell me to close the office.

Landlord: But I'll sue

You: I know. I entirely agree with you. I'm on your side, but the problem is the board of directors with whom I have to deal. If you threaten to sue, they'll just say, 'Okay, let him sue. This is L.A., and it will take him 2 years to get into court.'

Landlord: Would you go into that meeting and see what you can do for me? I'd be willing to split the difference and reduce the lease to $1,550, but if they won't settle for that, I could drop it as low as $1,500.

출처: Dawson (1999: 85–86)

해석 여러분: 월세를 1,700 불에서 1,400 불로 내려줄 수 있습니까?

건물주: 그 리스계약은 2년 더 남았으니 그냥 감수해야 될 겁니다.

〈몇 주 후〉

여러분: 그 리스에 문제가 생겼어요. 저는 당신의 입장에 동의한다는 점을 알아주시기 바랍니다. 제가 3년짜리 리스계약에 서명했고, 아직 2년이 남았고, 이 점을 감수한다는 데에는 의심의 여지가 없습니다. 하지만 여기에 문제가 있습니다. 저는 30분 안에 이사회 회의에 가야하는데, 그분들은 당신이 임대료를 1,400 불로 기꺼이 인하해 줄 것인지를 물어볼 겁니다. 제가 아니라고 말하면 그분들은 저보고 사무실 문 닫으라고 말할 겁니다.

건물주: 그러나 난 고소할 겁니다.

여러분: 알지요. 전 전적으로 당신 말에 동의해요. 전 당신 편이지만, 제가 다루어야 할 이사회가 문제이지요. 고소하겠다고 협박하시면 그 분들은 "좋아, 고소하라고 해. 여긴 L.A.이고, 법정까지 가려면 2년은 걸릴 거요."라고 말씀하실 겁니다.

건물주: 그 회의에 가서 나를 위해 당신이 할 수 있는 게 무언지 알아봐 주겠소? 그 차액 기꺼이 반으로 해서 임대료를 1,550 불로 깎아 드리지요. 하지만 그분들이 그것으로도 해결하려고 하지 않는다면 1,500 불까지 내릴 수 있는데요.

어휘 reduce 줄이다 Landlord 건물주인 live with ~을 감수하다 sue 고소하다
entirely 전적으로 on your side 당신 편인 threaten 협박하다

2 조금씩 야금야금 더 얻어내기

A 협상 막바지에 타이밍을 잘 맞춰 야금야금 더 얻어내는 전략으로, 여러분은 협상 초기에는 상대방으로 하여금 동의를 받아낼 수 없었던 것들, 즉 더 많은 주문 양, 업그레이드된 제품이나 추가 서비스 등을 조금씩 더 얻어낼 수 있다.

파워 협상가들은 협상 시작하기가 무섭게 처음부터 모든 것을 요구하는 미련한 자가 아니다. 그들은 협상의 합의를 이루는 때를 기다렸다가 조금씩 추가로 얻어내는 이 전략을 협상 막바지로 갈수록 사용한다.

Being willing to make that additional effort is what separates great salespeople from merely good salespeople. After the other side has agreed to make any kind of purchase from you, it's time for that "Second Effort" (Dawson, 1999: 88).

해석 이 같은 추가 노력을 기울인다는 것은 훌륭한 영업사원과 단지 괜찮은 영업사원을 구분해 준다. 상대방이 여러분으로부터 무엇인가를 구매하기로 합의했다면 그 "두 번째 노력"을 할 때이다.

어휘 **make an effort** 노력하다 **separate** 분리/구분하다 **merely** 단지 **purchase** 구매

다음은 장비를 수리하러 온 고객과 장비수리 이외에 보증기간계약까지도 연장하려는 고객 상담자와의 협상대화의 예와, 호텔 건설 건에 추가로 카펫까지도 팔려는 건축사와 호텔주인인 고객이 서로 합의를 끝낸 뒤 이어지는 대화의 예이다. 이를 통해 조금씩 더 얻어내는 전략을 알아보자.

(예) 고객 상담자와 고객

Receptionist: Could we take one more look at that extended warranty? What you may be overlooking is the preventive maintenance factor. If you know that repair work won't cost you a penny, you'll call us much sooner than you would if you had to pay for it. The sooner you have repairs made, the longer the equipment will last. Yes, it's a good deal for us, but it's an even better deal for you.

Customer: Well, all right, if you think it's that important, I'll go ahead.

출처: Dawson (1999: 88)

해석 상담자: 연장된 보증서 한 번만 더 보시겠어요? 고객님께서 미쳐 못 보신 것은 예방적 유지 요인입니다. 수리비로 한 푼도 들지 않는다면 수리비를 내야하실 때보다 저희에게 연락을 더 즉시 하실 겁니다. 수리를 빨리 하시면 하실수록 그 장비는 수명이 더 오래 가지요. 그래요, 우리로서도 좋은 거래죠. 하지만 고객님에겐 더 좋은 거래구요.

고객: 글쎄요, 좋습니다. 그게 중요하다면 그렇게 하지요.

어휘 take one more look at ~을 한 번 더 보다 extended warranty 연장된 보증
overlook 간과하다 preventive 예방적인 maintenance 유지 repair 수선, 수리
The sooner ~ the longer~ 빨리 ~하면 할수록 더 길게 ~하다 equipment 장비 last 오래가다

(예) 건축사와 고객

Architect: Could we take another look at upgraded carpet in the lobby? I realize that it's a huge investment, but nothing shows the quality image better than having your guests sink into plush carpeting the moment they get into the door. I don't recommend it for everybody, but with this type of project, I really think it's very, very important.

Client: Well, all right, if you think it's that important, I'll go ahead.

출처: Dawson (1999: 88)

해석 건축사: 로비에 있는 업그레이드 된 카펫을 한 번 더 봐주시겠습니까? 이건 거액의 투자인걸 알고 있

습니다만, 당신의 손님들이 문을 열고 들어서는 순간 고급스럽게 플러쉬천으로 만든 카펫에 푹신히 몸이 가라앉는 것 같은 느낌을 주는 것 보다 더 좋은 고급 이미지를 보여주는 것은 없지요. 전 아무에게나 이것을 추천하지 않습니다. 하지만 이런 정도의 프로젝트라면 제 생각엔 이 점이 아주 매우 중요하다고 봅니다.

고객: 글쎄요, 좋습니다. 당신이 그 정도로 중요하다고 하니 그렇게 하지요.

어휘 **huge investment** 거액의 투자 **quality image** 고급이라는 이미지 **sink into** ~속으로 가라앉다 **plush** 고급스럽게 플러쉬 천으로 만든 **recommend** 추천하다

B 상대방이 여러분에게 조금씩 더 얻어가는 전략을 사용하지 못하게 하는 방법은 제품의 특, 장점, 서비스, 조건 연장 등의 추가비용을 문서로 보여주고 여러분이 어떤 양보에 대해서도 권한이 있음을 드러내지 않는 것이다.

협상 과정에서 여러분이 취약점을 갖게 되는 때는 협상이 성공적으로 마무리 되었다고 안도하고 기분이 좋을 때이다. 이 때 상대방이 작은 것을 추가로 요구한다면 다시 협상을 시작하면 이마저도 잃을 수 있겠다는 생각에 걱정과 귀찮음도 있고, 한편으로는 홀가분한 마음으로 그 정도쯤이면 그냥 주어버리겠다는 마음을 갖게 된다. 상대방이 이런 수법을 쓰지 못하게 막으려면 다음 방법을 활용해 보라.

(1) Show them in writing what any additional concessions will cost them.
(2) Protect yourself with the "Higher Authority Strategy".
(3) Make the other side feel cheap but with a smile and in a good-natured way (Dawson, 1999: 91-92).

출처: Dawson (1999: 89)

해석 (1) 추가 양보에는 비용이 든다는 것을 문서로 보여주라.
(2) "윗분의 허락받기 전략"으로 자신을 보호하라.
(3) 상대방으로 하여금 자신이 값 싼 사람으로 보이게 만들라. 단, 미소를 지며 친절하게 하라.

어휘 **in writing** 문서로 **cost** 비용이 들다 **feel cheap** 싸구려라는 느낌이다 **good-natured** 친절한, 사람이 좋은, 마음씨 고운

3 제안 철회하기

A 여러분은 마지막 (가격) 양보를 되 물리거나 화물, 장비설치, 교육훈련, 기간연장 등 다른 사항들을 포함시키기 위해 제안 안을 철회할 수도 있다. 직접적인 대결을 피하기 위해서 "나쁜 사람"을 애매모호한 윗분 권위자로 만들라. 여러분 자신을 계속 상대방과 한편이라는 입장으로 만들라.

이제 다음 여러 명의 명의로 된 숲속의 별장을 팔려고 내놓은 사람과 여러분의 협상 대화를 통해 이 전략을 좀 더 자세히 이해해 보자.

(예) 여러분과 별장 판매자–1

You: <*playing the Reluctant Buyer Strategy*>

I appreciate your telling me about that, but I just don't think we'd be interested right now. I'm so busy I don't think we'd have the time to get up there. But look, just to be fair to you, what is the lowest price that you would sell the home for?

Seller: I'm pretty sure that the owners are going to be asking $10,000.

You: <*Flinching*>

$10,000? Oh no, I could never go along with anything like that. That's way too much. Tell you what, $8,000 might interests me. If they're interested at $8,000, let me know and we'll talk about it.

출처: Dawson (1999: 99)

해석 여러분: *〈팔기 싫어하는 전략을 쓰면서〉*

그 말씀을 해 주셔서 감사한데요, 우리 측은 지금 당장은 흥미 없어 할 겁니다. 우리가 너무 바빠서 그 쪽으로 올라가 볼 시간도 없을 것 같습니다. 하지만 선생님하고 공평하자고 하는 소린데, 그 별장을 파신다면 최저 가격은 얼마나 되죠?

판매자: 아마 확신하건데, 주인들은 만 불을 요구할 겁니다.

여러분: *〈깜짝 놀라면서〉*

만 불요? 말도 안 돼, 그런 액수로는 절대 안 되겠어요. 그건 너무나도 큰 액수네요. 있잖아요, 8천 불이면 관심이 좀 있는데요. 8천 불에 맘이 내키시면 알려주세요. 우리 얘기해 봅시다.

어휘 **Reluctant** 꺼리는 **appreciate** 감사해하다 **Flinching** 깜짝 놀라면서 **way** 훨씬 더
Tell you what 저 있잖아요. **interest** 흥미를 끌다

(예) 여러분과 별장 판매자-2

Seller: *<the next day, using the Withdrawing an Offer Strategy>*
Am I embarrassed about this. I know we were talking $10,000 yesterday, but the committee decided that they wouldn't sell the home for less than $12,000.

You: What are you talking about? you said $10,000 yesterday, $12,000 today. Is it going to be $14,000 tomorrow? What's going on here?

Seller: I do feel bad, but that's what they (Higher Authority Strategy) decided. Tell you what, let me go back to them one more time. Let me see what I can do for you with them.(Good Guy/Bad Guy Strategy) If I can get it for you for the $10,000, are you interested?

You: Of course, I'm interested. I want it.

<He sold you at full price.>

출처: Dawson (1999: 99)

해석 판매자: 〈다음날 제안철회 전략을 사용하면서〉
이 문제로 얼마나 당혹스러운지요. 우리가 어제 만 불로 이야기 했던 걸로 알고 있습니다만, 위원회에서 만 2천 불 이하로는 팔지 않겠다고 결정했습니다.
여러분: 무슨 소리예요? 어제 만 불이라고 말했잖아요. 그런데 오늘은 만 2천 불이면 내일은 만 4천 불 되나요? 무슨 일입니까?
판매자: 저도 기분이 좋지 않습니다. 하지만 윗선(높은 권한을 가진 자 전략)에서 그렇게 정한 것입니다. 저 있잖아요, 제가 다시 한 번 더 가서 제가 할 수 있는 게 뭔지 알아보죠. (좋은 사람/나쁜 사람 전략). 제가 만 불로 해 오면 관심 있으세요?
여러분: 물론이지요. 그러길 원해요.
〈판매자는 여러분에게 돈 다 받고 팔았다〉

어휘 **withdraw** 철회하다 **embarrassed** 당황한

4 쉽게 수락하는 입장 취하기

A 만약 상대방이 자신의 협상능력을 자랑스러워한다면, 협상을 이기려는 그의 자아로 여러분은 합의에 이르지 못할 수도 있다. 여러분은 마지막 순간에 작은 양보를 해주어, 상대방에게 굴복했다는 느낌을 상대방이 갖도록 입장을 취하라.

위의 상황을 보여주는 다음 협상 대화를 살펴보자.

(예) 마지막 순간에 해주는 작은 양보

Seller: *<with a plan in mind to supervise the installation anyway>*
We just can't budge another dime on the price, but I tell you what. If you go along with the price, I'll personally supervise the installation just to be sure that it all goes smoothly.

Buyer: *<feeling that he did not lose in the negotiation>*
Well, all right, if you'll do that for me, we'll go along with that price.

출처: Dawson (1999: 99)

해석 판매자: *〈어쨌건 이미 장비설치 감독을 해 줄 계획을 마음먹은 채〉*
가격 면에서 우리는 이제 10센트도 더 양보할 수 없어요. 하지만 이건 말씀드리죠. 그 가격 그대로 해주신다면 장비가 제대로 작동하는 것이 확실한 지를 위해 제가 직접 설치 감독을 해드리겠습니다.
구매자: *〈자기가 협상에서 패배하지 않았다고 느끼면서〉*
글쎄요, 좋습니다. 그렇게 해 주신다면 그 가격으로 가지요.

어휘 **supervise** 감독하다 **installation** 설치 **anyway** 어찌되었던 간에 **budge** 양보하다 **another dime** 10 센트 더 **go along with** 협력하다, 따르다 **personally** 직접

5 기본 영어 표현(마무리 단계)

A 협상내용 정리하기

- It's almost time to close the meeting today.
(오늘 회의를 마칠 시간이 거의 다 되어 갑니다.)

- I think we've covered everything on the agenda.
(의제를 모두 다룬 것 같습니다.)

- Okay, what still needs to be done?
(좋습니다. 아직 얘기할 게 남았나요?)

- Are there any other areas we need to discuss?
(더 논의할 사항이 있습니까?)

- What else do we need to do?
(그 밖에 더 할 것이 뭐지요?)

- Can you check on that and get back to us?
(확인해서 저희에게 알려주시겠어요?)

- I'll get the info to you ASAP.
(가능한 빨리 그 정보를 보내겠습니다.)

어휘 **time to close** ~을 마칠 시간 **cover everything on the agenda** 의제를 모두 다루다
check on ~ ~에 대해 확인하다 **get back to us** 우리에게 알려주다 **info** 정보(information)
ASAP 가능한 한 빨리(As Soon As Possible)

B 후속조치

- In my opinion, we need more time to consider this further.
(이것은 좀 더 생각할 시간이 필요하다고 봅니다.)

- Let's leave the remaining details until the next meeting.
(나머지 세부사항은 다음 회의로 미룹시다.)

- May I suggest that we do not have to make a final decision today?
(오늘 꼭 최종 결정을 내릴 필요는 없지 않을까 합니다.)

- Can we leave this until another date? (이 문제를 다른 날로 미뤄도 될까요?)

- We very much look forward to hearing from you.
(우리는 귀사로부터 곧 소식 듣기를 고대합니다.)

- We shouldn't jump to conclusions. (성급히 결론을 내려서는 안 됩니다.)

- I think we should put off the decision. (그 결정은 보류해야 할 것 같습니다.)

어휘 consider 고려하다 further 더 많이 remaining detail 남아있는 세부사항
make a final decision 최종 결정을 내리다 leave 남겨두다
look forward to hearing from ~ ~로부터 소식을 학수고대하다
jump to conclusions 성급히 결론을 내리다 put off 보류하다, 미루다

C 감사인사 / 작별인사

- I really want to thank everyone.
(여러분 모두에게 감사드립니다.) → Don't mention it. (별말씀을요.)

- I appreciate your time. (시간 내주셔서 감사합니다.) → Not at all. (아닙니다.)

- It's been a productive meeting. (보람 있는(생산적인) 회의였습니다.) → The pleasure was all ours. (저희도 즐거웠습니다.)

- Thanks so much for the chance to meet and do business with you.
(만나서 함께 일할 기회를 가지게 되어 정말 감사드립니다.)

- I'm really happy with what we've done here today.
(오늘 우리가 해낸 일에 정말 만족합니다.)

- May I say thanks for your efforts and hard work?
(여러분의 노고에 감사하다는 말을 전하고 싶습니다.)

- Shall we say good-bye now? (이제 작별인사를 할까요?)

- Well, good bye for now. We'll see you again in the near future.
(그럼, 이제 안녕히 가십시오. 가까운 시일 내에 다시 봅시다.)

- Take good care and have a good trip. (조심히 가시구요, 좋은 여행 되세요.)

- I hope you have a safe trip home. (집까지 무사히 가시기를 바랍니다.)

- We must be on our way. (이제 그만 가봐야겠습니다.)

- It was very pleasant meeting you. (오늘 만나서 즐거웠습니다.)

- Enjoy the rest of the stay. (이곳에 머무시는 남은 시간을 즐겁게 보내십시오.)

어휘 **appreciate** 고마워하다 **effort** 노력

6 기본 구문 연습(마무리 단계)

1 It's been ~. We look forward to ~.: 지금까지 ~이었습니다. ~를 고대합니다.

➲ **It's been** a very useful and productive meeting. **We look forward to** a successful partnership.
(지금까지 정말 유용하고 생산적인 회의이었습니다. 성공적인 제휴를 고대합니다.)

➲ **It's been** fruitful meeting. **We look forward to** working with you.
(지금까지 결실이 있는 회의이었습니다. 함께 일하기를 고대합니다.)

➲ **It's been** a beneficial and constructive meeting. **We look forward to** a win-win relationship.
(지금까지 유익하고 건설적인 회의이었습니다. 윈-윈 관계 맺기를 고대합니다.)

➲ **It's been** a valuable and profitable meeting. **We look forward to** making a great impact in this field together.
(지금까지 소중하고 이득이 되는 회의이었습니다. 함께 이 분야에 큰 영향을 주기를 고대합니다.)

➲ I regret to say that this meeting was not productive as we've expected.
(이번 회의는 기대만큼 성과를 거두지 못하는 것이 되어 유감입니다.)

어휘 **productive** 생산적인 **fruitful** 결실이 있는 **beneficial** 유익한 **constructive** 건설적인
valuable 소중한 **profitable** 이득이 되는 **impact** 영향
I regret to say that ~ ~하여 유감입니다

CHAPTER

5 비윤리적 협상전략들

사람들은 거래를 달콤하게 만들기 위해 비윤리적인 계략을 쓴다. 여러분은 이 같은 술책을 즉시 알아채고 능숙하게 대처할 수 있는 기술이 있어야 한다. 이제 다양한 비윤리적 협상전략을 알아보자.

1 미끼

상대방은 유혹이 되는 미끼를 사용하여 여러분의 관심을 협상의 진짜 문제에서 벗어나게 만들 수 있다. 이제 135 불 하는 퀸 사이즈 호텔 객실을 최종 37.50 불에 얻게 된 한 투숙객의 대화 시작부분의 예를 보자.

그 투숙객이 사용했던 미끼는 킹사이즈 방이 아니라 투윈사이즈 객실만 사용가능하다는 점이다. 그가 달성하고자 했던 것은 객실요금을 깎는 것이었다. 그 투숙객은 호텔 측 관심을 진짜 문제에서 침대 크기로 돌려놓은 것이었다.

(예) 투숙객과 호텔 지배인

Guest: *<It didn't matter what type of room it was.>*
The association booked this king-size room a month ahead of time. I'm not going to accept a twin-size room.

Manager: I'm afraid we have only 10 twin-size rooms available because guests already occupied 1,064 out of 1,074 rooms in total.

Guest: Well, I might be willing to settle for a twin-size room, but if I do that for you, what will you do for me?

Manager: We might be able to adjust the price of the room a little bit. How would half price be for you? And we have just found out that one queen-size room is available now.

출처: Dawson (1999: 108)

해석 투숙객: *〈객실 유형은 문제가 아니었다.〉*
협회 측이 한 달 전에 미리 이 킹 사이즈 방을 예약했어요. 투윈 사이즈 방은 받지 않을 겁니다.
지배인: 죄송합니다만, 사용가능한 객실이 투윈 사이즈 10실뿐입니다. 총 1,074 객실 중 1,064 개 객실이 이미 손님들로 다 차서요.
투숙객: 글쎄요. 투윈 사이즈 방으로 정할 수도 있지만, 만약 내가 그렇게 해주면 당신은 나한테 무얼 해 줄 건가요?
지배인: 객실 요금을 조금 조정해 드리지요. 반액은 어떠신지요? 지금 알았는데요, 퀸 사이즈 방이 하나 사용가능하답니다.

어휘 association 협회　book 예약하다　ahead of time 미리　available 사용가능한
out of 중에서　in total 총 모두 합해서　adjust 조정하다

2 붉게 훈제한 청어

"Red Herring" means the raising of an issue that would divert and confuse opponents. The Red Herring Strategy is a further twist on the Decoy Strategy. With the Decoy, the other person raises a phoney issue to get concessions on an real issue. With the Red Herring, the other person makes a phoney demand that he will withdraw, but only in exchange for a concession (Dawson, 1999: 110).

해석 "붉게 훈제한 청어"란 상대방의 관심을 다른 데로 돌려 혼란에 빠뜨릴 문제를 제기한다는 의미이다. 이 "훈제청어 전략"은 "미끼 전략"을 한 번 더 틀은 것이다. "미끼 전략"으로 상대방은 진짜 문제에 대해 양보를 얻어내기 위해 가짜 문제를 제기한다. "훈제청어 전략"은 상대방이 결국은 스스로 철회할 가짜 요구를 하는데, 이때 양보를 받아내는 맞교환조건으로만 철회한다.

어휘 **Red Herring** 훈제한 붉은 청어 **divert** 주의를 딴 곳으로 돌리다 **confuse** 혼란시키다 **opponent** 대결할 상대방 **twist** 뒤틀음 **Decoy** 미끼 **phoney** 거짓의, 가짜의 **withdraw** 철회하다 **in exchange for** ~에 대한 맞교환으로

이제 이 전략이 사용되는 예를 보자.

(예) 북한의 훈제청어 전략-1

(1) Very early in the Korean War armistice talks, the parties concerned agreed that each side would be represented at the table by officials of 3 neutral countries, along with their own national negotiators.

(2) The South Korean side selected Norway, Sweden and Switzerland as their 3 neutral nations. The North Koreans chose Poland and Czechoslovakia and suggested that the talks start, and they would identify a third country later.

(3) When the time came, they announced the Soviet Union as their selection for the third country, and said that there was no reason for the Soviets to be considered biased because they were not directly involved in the conflict.

(4) The negotiations had stalemated.

출처: Dawson (1999: 111)

해석 (1) 한국전쟁 휴전회담이 막 시작된 아주 초기에 관계 당사자들이 합의한 것은, 쌍방이 자기네 국적의 협상 담당자들 이외에, 각 각 3개의 중립국 관리들을 협상 테이블에 대표로 하자는 것이었다.

(2) 남한은 3개의 중립국으로 노르웨이, 스웨덴, 스위스를 선정했다. 북한은 폴란드와 체코슬로바키아를 선택한 후, 우선 회담은 시작하고 세 번째 나라는 나중에 찾아내겠다고 제안했다.

(3) 그 때가 왔을 때 북한은 소련이 자신들의 세 번째 중립국임을 발표했다. 그리고 소련이 한국전쟁에 직접 개입된 것이 아니므로 편견을 가진 나라로 여겨서는 안 된다고 말했다.

(4) 그 협상은 쌍방 수가 모두 막힌 판국이 되었다.

어휘 armistice talk 휴전회담 the parties concerned 관계당사자들 neutral 중립적인
along with ~와 더불어 identify 규명하다, 알아내다 biased 편견을 갖는
involved in ~에 개입된 conflict 분쟁 stalemate 쌍방 수가 모두 막힌 판국이 되다

(예) 북한의 훈제청어 전략-1

(5) Just as it seemed that the pointless arguing could continue forever, the North Koreans announced that they would abandon their insistence on having the

Soviets at the negotiating table, but they expected a reciprocal concession.

(6) Both side had agreed earlier that during the negotiations, neither side would rebuild their airstrips. The North Korean realized later that this left them at a severe disadvantage because the South Korean side could fly planes off aircraft carriers, but they needed their runways.

(7) So the North Koreans decided that it was time to use the Red Herring Strategy and suggested the Soviet Union as their third neutral country.

(8) Now it was time to name the price: They would concede and choose a different country to represent them, but only if the South Koreans would waive the restriction on rebuilding the airfields.

출처: Dawson (1999: 112)

해석 (5) 요점도 없는 논쟁이 영원히 지속될 것처럼 보일 때 북한이 소련을 협상 테이블에 나오게 하자는 자신들의 고집을 포기하겠다는 성명을 발표했는데, 그 대신 상호 호혜적인 양보를 기대한다는 것이었다.

(6) 쌍방이 일찍이 합의한 것은 협상기간동안에는 그 어느 쪽도 자산들의 소형 활주로를 재건하지 않겠다는 것이었다. 북한은 이 일로 자신들이 심하게 불리한 처지에 남게 되었다는 것을 나중에서야 깨닫게 되었다. 왜냐면 남한은 항공모함에서 비행기를 띄울 수 있지만 북한은 활주로가 필요했기 때문이다.

(7) 그래서 북한은 이때가 "붉은 훈제청어 전략"을 사용할 때라고 결정하고, 소련을 자산들의 세 번째 중립국으로 제안했던 것이다.

(8) 이제 그 가격을 부를 때이었다. 그들은 양보를 하고 그들을 대변해 줄 다른 나라를 골라야 하는데, 조건은 남한이 북한의 비행장 재건에 대해 제약을 풀어주어야 한다는 것이었다.

어휘 **pointless** 요점 없는 **abandon** 포기하다 **insistence on** ~에 대한 고집
reciprocal 상호 호혜적인 **airstrip** 소형비행기 활주로 **severe disadvantage** 심각한 불이익
aircraft carriers 항공모함 **runway** 활주로 **name** 이름을 말하다 **waive** 면제하다
restriction on ~에 대한 규제 **airfield** 비행장

3 신중하게 고르기, 특매품만을 골라서 사기

"신중하게 고르기, 특매품만을 골라서 사기"라는 의미의 체리 픽킹(Cherry Picking) 전략을 구매자는 좋아하고 판매자는 싫어한다. 구매자는 품목/항목 별로 계약을 하도록 밀어 부쳐야하고, 반면에 판매자는 이를 피해야 한다. 이 전략이 효과적으로 되려면 많은 사전 정보수집과 시간이 필요하다.

다음의 예는 건물 리모델링할 업체를 선정하는 과정에서 여러분이 응대하는 경우이다. 3 군데 업체가 소요비용을 내역 별로 작성한 입찰제안서를 제출했다. A사는 36,850 불을, B사는 36,050 불을, 그리고 C사는 37,650 불을 적어냈다.

(예) 업체선정

You: Contractor B, you are close on your bid, but you're high on flooring by $500 and carpentry by $200. If you'll match contractor A on those 2 items, I'll give you the job.

출처: Dawson (1999: 113)

해석 여러분: B 회사는 입찰내용이 면밀하고 충실한데요, 마루 까는 비용은 5백 불, 목수작업 비용은 2백 불이 더 비싸군요. 이 두 가지 항목에 대해서 A회사와 같은 조건으로 맞춰주면 당신에게 일감을 주겠습니다.

어휘 contractor 계약업체 close 면밀하고 충실한 bid 입찰 flooring 마루 깔기 by ~의 차이로 carpentry 목수일 item 항목

다음은 제안서 조건에 대해 여러분이 깐깐하게 조목조목 따지는 예이다.

(예) 제안서 조건 따지기

(1) You're buying a piece of land, and the seller is offering it for $100,000 with 20% down and the balance due over 10 years with 10% interest added.

(2) You might ask the owner to quote his/her lowest price for an all-cash deal. S/he might agree to $90,000 for all cash.

(3) Then you ask what the lowest interest rate would be for a 50% down transaction The owner quotes you 7%.

(4) Then you Cherry Pick the best features of both components of the deal, and offer $90,000 with 20% down and the balance features of both components by the owner with 7% interest added.

출처: Dawson (1999: 114)

해석 (1) 여러분은 땅을 살려고 하는데, 판매자는 값을 10만 불 부르고, 20%를 계약금으로 걸고 나머지는 10% 이자를 추가로 10년에 걸쳐 상환하는 조건을 제안한다.

(2) 여러분은 전액 현금 지불 시 최저가격을 땅 주인에게 물을 수도 있다. 주인은 전액 현금 지불 시 9만 불에 동의할 지도 모른다.

(3) 그 후 50%를 할부로 하면 최저 이자가 얼마냐고 묻는다. 땅 주인은 7%를 부른다.

(4) 그러면 여러분은 이 거래의 두 가지 조건들 중 제일 좋은 것을 골라서, 땅 값 9만 불에 20% 계약금 걸고, 잔금은 이자 7%를 붙여서 주인에게 내겠다는 제안을 한다.

어휘 **with 20% down** 20%를 계약금으로 걸고 **balance** 잔금 **due** 기한이 ~인 **over** ~에 걸쳐 **interest added** 추가되는 이자 **quote** 값을 요구하다/견적을 내다 **all-cash deal** 전액 현금 거래 **transaction** 거래 **feature** 특/장점 **component** 구성요소

여러분에게 체리픽킹 전략으로 접근해 오는 사람을 다루는 방법의 하나는 이를 알고 미리 손을 쓰는 것이다. 다음의 예에서 이를 살펴보자.

(예) 집 주인과 계약자 homeowner and a contractor

Owner: I want to check with some other people before I make my final decision.

Contractor: I absolutely agree with you. You should check with other companies before you make a decision. But look, let me save you some time. Have you talked to Ted Smith over at ABC Construction? He uses XYZ cabinets that have this feature, this feature, and this feature. But they don't have this. If you talk to DEF company down at the department store, the salesperson, Fred Harrison, will tell you about the model number such and such...

<By the time the contractor has gone through letting the owner know how much the contractor knows about the competition, the owner is going to think, "Why on earth do I need to waste my time talking to all these other people, when this person knows more than I'll ever learn?".>

출처: Dawson (1999: 115)

해석 주인: 내가 최종 결정을 내리기 전에 다른 사람들을 알아보고 싶군요.

계약자: 전적으로 동의합니다. 결정하시기 전에 다른 회사들도 알아보셔야죠. 그런데 제가 시간 절약을 도와드리지요. ABC 건설회사의 Ted Smith와 이야기 해보셨나요? 그 사람은 이렇고 이런 특성을 지닌 XYZ찬장을 사용하더라고요. 그런데 이건 없어요. 만약 백화점에 나와 있는 DEF회사와 이야기 하신다면 Fred Harrison이라는 영업사원이 이렇고 이런 모델 번호를 일러드릴 겁니다.

〈그 업자는 자기가 경쟁업체에 대해 얼마나 잘 알고 있는지를 여러분에게 알려주는 게 끝날 때쯤이면, 집 주인은 "이 사람이 내가 다 통달할 수 있는 것보다도 더 많이 알고 있는데, 도대체 내가 왜 시간 낭비하면서 이 다른 사람들과 이야기 할 필요가 있는 거지?"라는 생각이 들 것이다.〉

어휘 **absolutely** 절대적으로 **save** 절약하다 **cabinet** 찬장 **feature** 제품 특징 **has gone through** 다 끝내다 **competition** 경쟁 **on earth** 도대체

4 고의적인 실수

"고의적인 실수"는 매우 비도적인 전술로, 역시 비도덕적인 상대방을 희생물로 삼게 한다. 이제 그런 상황에 대해 자세히 살펴보자.

(1) The seller baits the hook when she prepares a proposal and deliberately leaves out or under-prices one of the elements.

(2) Then the buyer becomes eager to close the deal before the seller spots the mistake.

(3) The eagerness makes the buyer a sloppy negotiator, and he may end up paying more for the product (or a service) than if he had pointed out the mistake.

(4) Apart from that, the seller still has the option of "discovering" the mistake before the buyer consummates the sale and, with an accusing look, shames the buyer into paying the extra amount.

(5) If the buyer's greed doesn't cost the buyer at that moment, it will certainly catch up with the buyer later on down life's road (Dawson, 1999: 116-117).

해석 (1) 판매자는 제안서를 작성할 때 내용요소 중 하나를 일부러 빼먹든가 아니면 가격을 기준 이하로 매겨놓아 이를 미끼로 걸려들게 한다.

(2) 그러면 구매자는 판매자가 그 실수들을 알아채기 전에 거래를 마치려고 애를 쓴다.

(3) 이런 열의로 구매자는 너절한(적당히 얼버무리는) 협상가가 되어버리고, 결국 이 실수를 지적했더라면 안 해도 될 일, 즉 제품이나 서비스에 대해 더 많이 지불해 주는 것으로 끝내게 된다.

(4) 그와는 별도로, 여전히 판매자는 구매자가 판매를 극점에 달하게 하기 전에 그 실수를 "발견"하는 선택을 쥐고 있고, 비난의 표정으로 구매자로 하여금 부끄럽게 만들어 추가로 더 지불하게 만들 수 있다.

(5) 구매자의 탐욕이 그 순간에는 돈 손해 보는 것이 아닐지라도, 인생을 살아가다보면 확실히 나중에 계속 발목 잡히게 될 것이다

어휘 **bait the hook** 낚시 고리에 미끼로 걸려들다 **deliberately** 의도적으로, 고의로

leave out 빼먹다　under-price 낮은 가격을 매기다　eager 열심인
close the deal 거래를 종결짓다　spot 지점을 찾아내다　sloppy 너절한, 적당히 얼버무리는
end up ~로 끝나다　point out 지적하다　Apart from ~와는 별도로　still 여전히
option 선택　consummate 정점에 달하다　accusing look 비난하는 표정
shame 부끄럽게 만들다　greed 탐욕　catch up with ~을 뒤 쫓다　later on 나중에도 계속

5 의무 불이행

의무 불이행 전략은 그것을 제안한 쪽에게 분명히 이롭게 작용하는 일방적 가정에서 행해지는 것으로, 매우 바쁘거나 게으른 사람에게 먹혀든다. 일단 여러분이 응대를 하지 않게 되면 먼저 응대해 온 사람에게 우선권이 주어진다. 이제 이와 관련된 예들을 보자.

(예) 한 회사가 판매상에게 물품 값을 2.5% 깎아 지불을 하면서 다음과 같은 메모를 보낸 경우

"All of our other vendors discount for payment within 15 days, so we assume you will, too."

출처: Dawson (1999: 118)

해석 "우리의 모든 다른 판매상들은 우리가 15일 이내에 지불할 경우 할인을 해 주므로, 귀사의 경우도 그러리라고 생각하는 바입니다."

어휘 vendor 판매상　assume 가정하다

(예) 잠재 구매자에게 영업사원이 쓴 편지

"Because I haven't heard from you on your choice of options, I will ship the deluxe model unless I hear from you within 10 days."

출처: Dawson (1999: 118)

해석 "귀하의 선택사항들 중 선택에 관한 소식이 없기에, 10일 안에 연락을 주지 않으시면 최고 모델을 선적하겠습니다."

어휘 **ship** 선적하다 **deluxe** 최고의 **unless** ~하지 않는 한

6 단계적 확대

Escalation is to raise demands after both sides reached agreement in order to cut the best deal by any means possible. People extort a little more out of a deal simply because they have enough leverage to do so. Too often, the other side swallows its pride and concedes just easily (Dawson; 1999: 119).

해석 단계적 확대는 가능한 모든 수단을 다 하여 최선의 거래를 맺기 위해 쌍방이 합의에 도달한 후에 요구사항을 올리는 것이다. 사람들은 목적달성의 수단을 충분히 갖기 위해 그 거래에서 조금씩 강요하여 얻어낸다. 너무나도 흔히 상대방은 자신의 프라이드를 죽이고 쉽게 양보해버린다

어휘 **Escalation** 단계적 확대 **cut the deal** 거래를 마무리해 끝내다
by any means possible 가능한 모든 수단을 다 써서 **extort** 강요하여 얻어내다
leverage 목적달성의 수단 **swallow** 모욕 등을 감수하다

다음은 단계적 확대 전략에 대한 대응방안으로 자존심을 죽이거나 아니면 협상 테이블을 박차고 걸어 나가버리는 것 이외의 방법들을 보여주고 있다.

(예) 단계적 확대 전략에 대한 대응방안

(1) Protect yourself with Higher Authority
"Your suggestion does not offend me, but my board of directors will never renegotiate a deal once it has been made and they will force you to walk away."

(2) Position for Easy Acceptance by telling them that although you cannot budge on the price, you might be able to offer them something of value in another area.

(3) Escalate your demands in return. Tell them that you are glad that they want to reopen the negotiation because your side has been having second thought also. Since they have chosen to negate the original proposal, your proposal has now gone up also.

출처: Dawson (1999: 121)

해석 (1) 윗분의 권위로 자신을 보호하라.
"당신의 제안으로 제가 기분상한 것은 아닙니다. 하지만 저희 이사회가 일단 종결된 거래에 대해서는 절대 재협상을 하지 않을 것이고, 당신을 강제로라도 그냥 걸어 나가게 할 겁니다."
(2) 가격에 대해 여러분이 견해를 바꿀 수는 없지만 다른 부문에서 뭔가 값있는 것을 상대방에게 줄 수 있다고 말하면서 쉽게 받아드리는 입장을 취하라.
(3) 그 대신으로 여러분도 요구사항들을 단계적으로 확대하라. 우리도 다시 생각해 보았기에 상대방이 재협상을 요구하니 반갑다고 말하라. 그들이 원 협상안을 거부하기로 선택했으니 여러분의 제안도 이제 파기된 것이다.

어휘 **offend** 마음을 상하게 하다 **force** 강요하다 **budge** 태도 · 견해를 바꾸다, 양보하다
of value 가치 있는 **in return** 그 대신에 **negate** 부정하다 **go up** 파기되다

7 심어놓은 정보

심어놓은 정보는 엄청난 파괴력이 있다. 이는 우리가 남모르게 얻은 정보를 믿으려는 성향이 있기 때문이다. 이제 그 예를 보여주는 대화를 살펴보자.

(예) 옆에 앉은 사람과의 담소

Seat Mate: I don't believe the President is telling the truth. I met a man who knew someone who works at the White House, and he told me the president did know all about it. He's covering something up.

You: Oh, is that right?

<You believe what this man is telling you rather than believing what you heard earlier the President of the United States say at the press conference.>

출처: Dawson (1999: 122)

해석 옆사람: 난 대통령이 사실을 말할 거라고는 믿지 않아요. 백악관에서 일하는 사람을 아는 남자를 만났는데, 대통령은 그것에 대해 다 알고 있었다고 그러던데요. 대통령이 무언가를 숨기고 있는 거예요.

여러분: 아, 그래요?

〈여러분은 앞서 미국 대통령이 기자회견에서 말한 것을 들었는데도 자기가 들은 것을 믿기보다는 이 옆자리 남자의 말을 믿는다.〉

어휘 **cover up** 숨기다 **press conference** 기자회견

언제라도 여러분이 상대방이 골라서 전해주는 정보에만 기초하여 협상을 한다면, 여러분은 조작에 극도로 취약한 상태에 있게 된다. 여러분이 발견하도록 상대방이 일부러 정보를 심어두었다는 감이 오면, 여러분은 더욱 경계를 늦춰서는 안 된다.

다음은 이사회 앞에서 매우 인상적인 발표를 한 영업사원의 예로, 그는 자기가 요구한 82만 불에 판매를 성사시킬 수 있다고 믿고 있다.

(예) 어느 영업사원

Salesman: What we're offering is the best value in the market. No competitor can undercut this price.

<He sees one of the directors pass a note to another director who nods and lays the note on the table in front of him. Curiosity gets the better of the salesman. He has to see what's on that note. After finishing his presentation, he approaches the table and dramatically leans toward them>

Salesman: Gentleman, do you have any questions?

<Out of the corner of his eyes, he can now see the note. Even reading upside down, he can see that it says, "Universal's price is $762,000. Let's go with them".>

Chairman of the board: I do have one question. Your price seems high. We're obligated to go with the lowest price that meets our specifications. Is $820,000 the best you can do?

<Within minutes, the salesman has lowered his price by $58,000.>

출처: Dawson (1999: 123)

해석 영업사원: 저희가 제시하는 것은 시장에서 제일 좋은 가격입니다. 어느 경쟁사도 이 가격보다 더 내릴 수는 없습니다.

〈그는 이사 중 한 사람이 메모쪽지를 다른 이사에게 전달하는 것을 보았는데, 전달받은 그는 고개를 끄덕이며 그 쪽지를 자기 앞 테이블 위에 놓는다. 영업사원은 호기심을 못 참는다. 그 쪽지 위에 무엇이 적혀있는 지 보아야 한다. 발표를 마친 그는 테이블 쪽으로 다가가서 극적으로 그들 앞으로 몸을 내민다.〉

영업사원: 이사님들 질문 있으십니까?

〈눈 한구석으로 그는 이제 그 쪽지를 볼 수 있다. 비록 거꾸로 읽는 거지만 그는 " 유니버셜 가격은 76만 2천 불인데, 그 쪽 것으로 합시다."라고 쓰여 진 것을 볼 수 있다〉.

이사장: 질문이 하나 있습니다. 귀사의 가격은 높은 것 같습니다. 우리는 시방서에 맞도록 최저가로 가야만 합니다. 82만 불이 귀사가 할 수 있는 최선입니까?

〈몇 분 후 그 영업사원은 가격을 5만 8천 불이나 내렸다.〉

어휘 **undercut** 경쟁적으로 가격을 내리다 **nod** 끄덕이다 **curiosity** 호기심
get the better of ~을 능가하다, 이기다 **lean** 몸을 앞쪽으로 기대다
out of the corner of his eyes 그의 눈 한구석으로부터 **upside down** 거꾸로
be obligated to 반드시 ~해야 한다 **specification** 시방서 **lower** 낮추다

그 메모쪽지 내용이 사실이었을까, 아니면 사전에 심어둔 정보이었을까? 비록 별 내용도 아닌 것을 종이 위에 휘갈겨 놓은 것일지라도 이 영업사원은 그것을 믿었을 것이다. 왜냐면 그 정보는 그가 몰래 얻게 된 것이기 때문이다.

참고문헌

- Dawson, Roger (1999), Secrets of Power Negotiating (2nd ed.), Career Press, Franklin Lakes, NJ.
- Foster, Dean Allen (1995), Bargaining Across Borders: How to Negotiate Business Successfully Anywhere in the World, McGraw-Hill, Inc.
- Kachru, Braji B. (1984), *"The Alchemy of English: Social and Functional Power of Non-Native Varieties"*, ed. by Kramarae S, Schulz and O' Barr, Language and Power, Sage Publications.

KOREA SPEAKERS BUREAU

Korea Speakers Bureau는 국내 최초의 전문 Speakers Bureau로서,
최적, 최상의 연사를 최고의 자리에 연계하는
Total Speakers Engagement Service Corporation입니다.

또한, Korea Speakers Bureau는
Global Communication Masters 자사 교육프로그램을 통하여
공공기업, 사기업, 학교 등의 구성원들에게 글로벌 시대에 필요한
International Communication Skill을 교육 및 공급하고 있습니다.

Global Communication Masters(GCM)프로그램은 다음과 같이 구성됩니다.

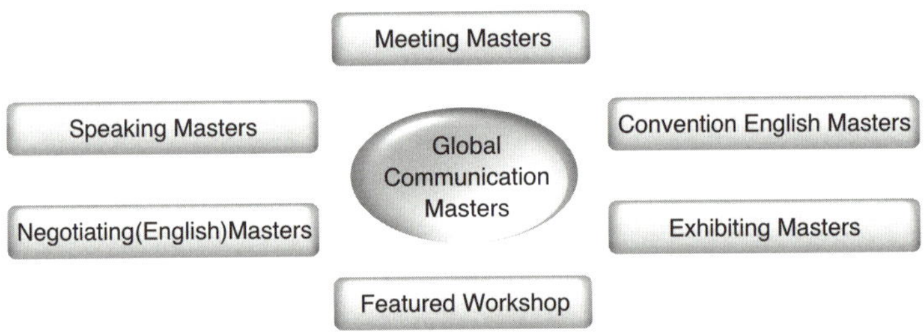

www.koreaspeakers.org

서승진

한림성심대학학장, 한림국제대학원 원장
한국컨벤션전시산업연구원 원장
'2008 APEC' 준비기획단 자문위원
컨벤션 기획사 관련 연구,
컨벤션 전시 관련연구 프로젝트 다수 수행

현재: 문화관광체육부 관광정책 심의위원
지식경제부 무역통상정책 심의위원
한림국제대학원대학교 교수

James Hong www.jameshong@koreaspeakers.org

2005 강원 국제 레저스포츠 관광 페어 & 포럼 개막행사 대행 - Car Festival
부산세계사회체육대회 조직위원회 Trex-Games국제 협력 총괄 부장
유네스코 산하 체육과 스포츠에 관한 정부간 위원회 CIGEPS 총괄
제10차 ASFAA(아시아오세아니아 사회체육연맹) 총회 총괄
IFMA World Championship 총괄
2008 TAFISA 총회 총괄

현재: Korea Speakers Bureau Secretariat General
SJS Knowledge Powerhouse 대표
(사)대한무에타이협회 총괄이사
Professional Negotiator for Int'l Affairs

영어로 배우는 비즈니스 협상

2009년 3월 25일 | 초판 발행
2009년 3월 25일 | 초판 1쇄

공저 | 서승진, James Hong
발행인 | 홍정표
발행처 | 글로벌콘텐츠

등록번호 | 제 25100-2008-24호
주소 / 서울특별시 강동구 길동 349-6 정일빌딩 401호
전화 | 02-488-3280
FAX | 02-488-3281
홈페이지 | www.gcmedia.co.kr

ISBN 978-89-961466-6-7 03740

정가 12,800원